في مهبّ الرواية

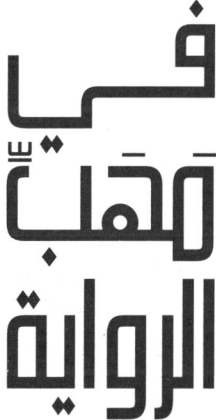

في مَحَبَّة الرواية

سلمان زين الدين

دار جامعة حمد بن خليفة للنشر
HAMAD BIN KHALIFA UNIVERSITY PRESS

دار جامعة حمد بن خليفة للنشر
صندوق بريد 5825
الدوحة، دولة قطر

www.hbkupress.com

جميع الحقوق محفوظة.

لا يجوز استخدام أو إعادة طباعة أي جزء من هذا الكتاب بأي طريقة دون الحصول على الموافقة الخطية من الناشر باستثناء حالة الاقتباسات المختصرة التي تتجسد في الدراسات النقدية أو المراجعات.

الطبعة العربية الأولى عام 2020

الترقيم الدولي: 9789927141232

تمت الطباعة في بيروت-لبنان.

مكتبة قطر الوطنية بيانات الفهرسة – أثناء – النشر (فان)

زين الدين، سلمان، مؤلف.

في مهب الرواية / سلمان زين الدين. - الطبعة العربية الأولى. – الدوحة، دولة قطر : دار جامعة حمد بن خليفة للنشر، 2020

صفحة ؛ سم

تدمك 978-992-714-123-2

1. القصة العربية -- القرن 21 -- تاريخ ونقد. أ. العنوان.

PJ7577 .Z39 2020

892.73709– dc23

201927544606

المحتويات

إهداء	7
استهلال	9
إبراهيم نصرالله في قلب الملهاة الفلسطينية	15
أحمد المديني بين السلطة والمجتمع	21
أحمد المديني بين متعة الرحلة وفائدة المعرفة	25
إسماعيل الأمين بين الرواية والتاريخ	29
إلياس خوري في «نجمة البحر» بين إنسانوية النص ووحشية المرجع	33
أمير تاج السر يُسَحْرِنُ الواقع	37
أنطوان أبو زيد يُصفّي ذيول الحرب الأهلية	41
باسم خندقجي يربح الرواية ولا يخسر التاريخ	45
جمال ناجي بين وجع الحكاية وجمال الخطاب	49
راغدة المصري بين ممارسات الاحتلال وآليات المقاومة	53
زينب حفني تحفر في المسكوت عنه	57
سليم بطّي يفكّك التفكّك الأسري	61
شهلا العجيلي بين «صيف العدو» و«ربيع الصديق»	67
ضحى المل على هامش المدينة	71
طارق بكاري يفكّك الداعشية	77

فرح الحاج دياب بين غرباء المدينة	81
لطيفة الحاج قديح في «آخر النفق»	85
محمد إقبال حرب على ألسنة الطيور	91
محمود الورواري بين الماضي والحاضر	95
محمود عثمان على شاطئ البحر	99
مقبول العلوي في جدل التاريخي والروائي	103
منى الشرافي تيّم على أريكة التحليل النفسي	107
موريس النجار يذكّر بزمان الوصل بـ «أندلس» الصداقة	113
مي منسّى تحرث في حقل الوجع الإنساني	117
نبيل سليمان يبصر العمى	123
نجاة عبد الصمد في مجتمع محافظ	127
نزار آغري نحوَ ربيعٍ كردي	131
نزار شقرون بين الناقوس والمئذنة	135
هاشم شفيق بين الاستبداد والإرهاب	139
هاني نقشبندي بين الإمام والمؤذّن	143
وجدي الأهدل في «أرض المؤامرات السعيدة»	147

إهداء

إلى

كوثـــر

نصفي الأجمل

استهلال

لعلّ الرواية هي النوع الأدبي الأكثر مقروئيّة في هذه اللحظة من تاريخ العالم، يُقبِل عليها القرّاء من كلّ حدبٍ وصوب، وتحقّق النِّسب الأعلى في مبيعات الكتب، وتُخصَّصُ لها الجوائز العالمية، وتُعطيها جائزة نوبل للآداب الأولوية دون الأنواع الأدبية الأخرى. ونحن، في العالم العربي، لا نشذُّ عن هذا التوصيف، فبعد أن كان الشعر ديوان العرب لقرونٍ خلت، بتنا نسمع من يُولي الرواية هذا الشرف، ونرى من يبشّر بزمن الرواية وينظّر له. هذا ما حدا بي إلى الانخراط في هذه اللحظة التاريخية الروائية قراءةً وكتابةً، فبلغ عدد الروايات التي قرأتُ وكتبتُ عنها مائتين واثنتين وستين رواية عربية، حتى تاريخه، و«الحبل على الجرّار»، على حدِّ تعبير المثل الشعبي اللبناني.

«**في مهبِّ الرواية**» هو كتابي السّادس في النقد الروائي، بعد «**شهرزاد والكلام المباح**»، «**حين يروي شهريار**»، «**بلغني أيّها الملك السعيد**»، «**كان يا ما كان**»، و«**يا سادة يا كرام**». وهو يضمُّ بين ضفّتيه قراءة في ثلاثين رواية عربية، وإذا ما أضفنا هذا العدد إلى أعداد الروايات التي ضمَّتها الكتب الخمسة السابقة، يصبح مجموع الروايات المقروءة في الكتب الستّة مائتين واثنتين وستين رواية عربية كما سبقت الإشارة. وبذلك، نكون أمام سداسية نقد - روائية تغطّي العقدين الأخيرين في العالم المرجعي الذي تُصدِّر عنه وتُحيل إليه، عنيتُ به العالم العربي. وبالمناسبة، وعلى سبيل المزاح، ألا يُخوِّلني هذا العدد الدخول في موسوعة غينيس للأرقام القياسية؟

«**في مهبِّ الرواية**» لا يشذّ عن المنهجية التي اعتمدتُها في الكتب الخمسة السابقة سوى في تناوله روايات جديدة لأسماء جديدة أو لأسماء سبق تناولُها في الكتب الأخرى. وهذه المنهجية تقوم على تفكيك الحكاية والخطاب، وتحليل الشخصيات، والإحالة إلى العالم المرجعي للرواية. وتحاول تجنّب الانزلاق إلى التقعّر النقدي ممّا يقع فيه النقد الأكاديمي، من جهة، وتجنّب السقوط في درك الانطباعية السريعة ممّا يقع فيه النقد الصحافي العابر،

من جهة ثانية. ومن ثم، هي منهجية المنزلة بين المنزلتين التي لا يموت فيها ذئب التقعّر ولا يفنى غنم الانطباع.

يطرح الكتاب، من خلال الروايات المقروءة، أسئلة الواقع العربي، على تنوّعها واختلافها؛ السياسية، والإنسانية، والاجتماعية، والدينية، والتاريخية، وغيرها. وهي أسئلة قديمة جديدة. مع العلم أنّ السؤال الواحد قد يرد في عدّة روايات بتمظهرات مختلفة، وأنّ الأسئلة قد تتعدّد ضمن الرواية الواحدة. ومن ثم، إنّ نسبة رواية معيّنة إلى سؤال معيّن لا يعني حصرها فيه، بل لأنّه الأبرز الذي تطرحه، مباشرةً أو مداورةً. وفي نظرة بانورامية على الروايات، نخلص إلى أنّ الأسئلة المطروحة فيها هي الآتية:

1- **السؤال الفلسطيني**: منذ قطع آرثر جيمس بلفور، وزير الخارجية البريطانية، في حينه، وعده المشؤوم لليونيل روتشيلد، أحد زعماء الحركة الصهيونية، بإقامة وطن قومي لليهود في فلسطين، بتاريخ 2/ 11/ 1917، راحت المسألة الفلسطينية تشكّل سؤالاً دائمًا يطرحه الأدب، على اختلاف أنواعه، لا سيّما الرواية، إلى حدٍّ يمكن الحديث معه عن مكتبة فلسطينية صغيرة قائمة بذاتها. هذا السؤال تطرحه رواية «**زمن الخيول البيضاء**» لإبراهيم نصرالله، من منظار تاريخي، فترصد تحوّلات القضية الفلسطينية، بين أواخر الحكم العثماني وبدايات النكبة مرورًا بمرحلة الانتداب البريطاني. وتطرحه رواية «**نجمة البحر**» لإلياس خوري، من منظار معاصر، فتصوّر الشخصية الفلسطينية في ظل الاحتلال الإسرائيلي، من منظور إنسانوي، تساوي فيه بين الضحية (اليهودي) وضحية الضحية (الفلسطيني). وتطرحه رواية «**رحلة القهر**» لراغدة المصري، من منظور نضالي، فتصوّر مقاومة المرأة الفلسطينية همجية الاحتلال، من جهة، وذكورية المجتمع، من جهة ثانية.

2- **سؤال السلطة**: يتراوح طرحه في الرواية العربية بين المباشرة والمداورة، ومن زوايا مختلفة؛ فراوية «**في بلاد نون**» لأحمد المديني تطرحه من زاوية علاقة السلطة بالمجتمع، وترصد ممارسات السلطة في مجتمع سكوني وآليّات الدفاع التي يلجأ إليها. وتطرحه رواية «**خريف البلد**» لمحمود الورواري، من الزاوية نفسها، فتتناول الصعود الفردي في مجتمع سلطوي و السقوط الجماعي. وتطرحه رواية «**شارع سالم**» لنزار آغري من زاوية العلاقة بين القمع السلطوي ونتائجه الوخيمة على المجتمع، من خلال رصد آليّات ممارسة السلطة في كردستان العراق والتحوّلات السلبية المترتّبة عليها. وإذا كانت الروايات المذكورة

تطرق الموضوع مباشرة، رغم ضيق هامش الحرية في العوالم المرجعية التي تُحيل إليها، فإنّ رواية «**الحقيقة**» لمحمد إقبال حرب تطرقه مداورة، على ألسنة الطيور، مستعيدة بذلك تقنيات عبدالله ابن المقفّع في القرن الثاني الهجري، رغم اتّساع هامش الحريّة في العالم المرجعي الذي تُحيل إليه الرواية، ما يطرح الملاءمة بين طريقة المقاربة والعالم المرجعي الذي تقاربه الرواية على بساط البحث.

3- **سؤال الربيع العربي**: ما كان لهذا السؤال أن يُطرَح لولا طرح السؤال السابق المتعلّق بسوء استخدام السلطة والتعسّف في تطبيق القواعد القانونية التي ترعى ممارستها، هذا إن وُجِدَتْ. منذ العام 2010، اندلعت في غير مكان من العالم العربي حركات احتجاجية وثورات عرفت باسم الربيع العربي، آتى بعضها ثماره، وأُفرغ البعض الآخر من مضمونه، وتحوّل إلى شتاء عاصف، بفعل تقاطع عوامل داخلية وخارجية. وهو ما نراه في رواية «**موسم الحوريّات**» لجمال ناجي التي يتناول فيها تداعيات الربيع العربي والانحراف به عن مساره ليتحوّل إلى حروب أهلية في غير مكان من هذا العالم. ونرى في رواية «**تاريخ العيون المطفأة**» لنبيل سليمان التداعيات نفسها وتمظهراتها المختلفة المعروفة.

4- **سؤال الإرهاب**: يتمخّض عن السؤال السابق المتعلّق بفشل الربيع العربي. تطرحه رواية «**القاتل الأشقر**» التي يفكّك فيها طارق بكاري الإرهاب، بنسخته الداعشية، منطلقاتٍ وممارساتٍ ومآلات. وتشاركها في طرحه رواية «**البرج الأحمر**» لهاشم شفيق التي يرصد فيها النتائج الكارثية، المتمثّلة في التهجير والهجرة، الناجمة عن الإرهاب، الناجم بدوره عن الاستبداد. والاستبداد والإرهاب والتهجير والهجرة والحرب الأهلية حلقات في سلسلة واحدة ما برحت تلقي بظلّها الثقيل على الأحداث، في غير مكانٍ من هذا العالم.

5- **سؤال الحرب**: الحرب الأهلية وما تتمخّض عنه من نتائج وخيمة على الإنسان والمكان والزمان، هي حلقة في السلسلة المذكورة أعلاه، والسؤال مطروح في رواية «**صيف العدو**» لشهلا العجيلي التي تتناول فيها تداعيات الحرب السورية وانعكاساتها على المسارات والمصائر. وهو ما تطرحه رواية «**فونوغراف**» عن الحرب الأهلية، بنسختها اللبنانية، ورواية «**الحفار والمدينة**» لأنطوان أبو زيد التي تتعدّى التداعيات المباشرة للحرب إلى غير المباشرة المتعلّقة بتصفية آثارها، في مرحلة إعادة الإعمار التي شهدها لبنان، في التسعينيات من القرن الماضي.

6- **سؤال التاريخ**: الحاضر هو حفيد التاريخ، إلى حدٍّ كبير. وبين الاثنين علاقة جدلية إشكالية، ولا يعني ذلك استواء التأثر والتأثير بين طرفي العلاقة، فتأثير التاريخ في الحاضر هو بدون شك أكبر بكثير من تأثير الحاضر في التاريخ. ولذلك، كثيرًا ما يلجأ الكاتب الروائي إلى التاريخ يستعين بأحداثه لتفعيل الحاضر، وهذا ما نراه في رواية «**أليس والكاهن**» لإسماعيل الأمين الذي ينطلق فيها من عراقة التاريخ الفينيقي تجارةً وحضارةً ليوجّه رسالة إلى الأجيال الناشئة تعزّز انتماءها الوطني. وقد يلجأ الكاتب إلى السيرة التاريخية لاستخلاص الدروس والعبر منها وإسقاطها على الحاضر، كما نرى في رواية «**خسوف بدر الدين**» لباسم خندقجي التي تقول، من خلال سيرة الصوفي بدر الدين محمود، اصطدام محاولات التغيير بسلطات الأمر الواقع ما يجهض العملية برمّتها، ويرسل رسالة سلبية إلى المستقبل. بينما تنطوي سيرة الصوفي الآخر الحلاّج على رسالة إيجابية، في رواية «**طيف الحلاّج**» لمقبول العلوي، حين يتماهى الباحث الذي يدرس شخصية الحلاّج به، فيغفر لمن أساء إليه. وإذا كان تأثير التاريخ في الحاضر، في الروايات الثلاث، هو إيجابي، فإنّ مقاربة التاريخ مصدرًا للانقسامات والصراعات سيكون له تأثيره السلبي في الروايات ذات الصلة، بطبيعة الحال.

7- **السؤال الاجتماعي**: في عالم مرجعيٍّ يعاني الاستبداد والإرهاب والاحتلال والحروب الأهلية، ويكثر المهمّشون والغرباء الذين يعيشون على هامش المدن، وفي قيعانها، لا بدَّ من طرح السؤال الاجتماعي بقوّة. وهو ما تفعله رواية «**غرباء بيروت**» لفرح الحاج دياب التي تروي حكايات غرباء المدينة المتحدّرين من أصول ريفية، ورواية «**زند الحجر**» لضحى الملا التي ترصد التحوّلات الاجتماعية العكار- طرابلسية، في النصف الثاني من القرن العشرين. وهو ما يفعله محمود عثمان في رواية «**أرواد**» التي يتناول فيها حياة البحر من خلال بحّارٍ مغامر. وقد يتّخذ السؤال الاجتماعي شكل الوجع الإنساني، متعدّد المصادر، الذي يتحكّم بالمسارات والمصائر، كما نرى في رواية «**قتلت أمي لأحيا**» لمي مَنِسّى. وقد يتمخّض طرح السؤال الاجتماعي عن دروس مفيدة، كما نرى في رواية «**جزء مؤلم من الحكاية**» لأمير تاج السر التي تقول، في إطارٍ من الواقعية السحرية، خطأ الوثوق بالمتآمر، وحتميّة قتل القاتل، ولو بعد حين. على أنّ السؤال الاجتماعي قد يتّخذ منحًى إيجابيًّا، كما في رواية «**أقدار**» التي تحتفي بالصداقة كقيمة اجتماعية، وتفرّق بين من يصنعون أقدارهم بأنفسهم وبين من هم صنائع الأقدار، فتُعلي قيمتي العمل والمبادرة الاجتماعيّتين.

8- **سؤال المرأة**: وغير بعيدٍ من السؤال الاجتماعي، تطرح بعض الروايات مسألة المرأة العربية في المجتمع الذكوري، بتمظهراتها المختلفة. فالمرأة في «**لا ماء يرويها**» لنجاة عبد الصمد هي ضحيّة التفكير الذكوري والعادات والتقاليد المحافظة، وهي في «**آخر النفق**» للطيفة الحاج قديح ضحيَّة الاحتلال الإسرائيلي والذكورية المحليَّة، وهي في «**الشيطان يحب أحيانًا**» لزينب حفني ضحية الخيانة الزوجية، وهي في «**أرض المؤامرات السعيدة**» لوجدي الأهدل ضحيّة المجتمع المحلّي الذي يبيح زواج القاصرات، وهي في «**مشاعر مهاجرة**» لمنى الشرافي تيّم مريضة نفسيًّا وضحية الظروف الاجتماعية والأفكار الذكورية.

9- **سؤال الدين**: على الرّغم من أنّه يدخل في باب المحرّمات التي لا يجوز التعرّض لها، فإن هاني نقشبندي يطرحه في رواية «**الخطيب**»، من زاوية تفكيك ممارسات بعض المتديّنين الذين ينحرفون بالشعائر الدينية عن الغايات التي وُضِعَت لها في الأصل، لأغراضٍ في أنفسهم، وبتواطؤ غير معلن من السلطات القائمة.

10- **سؤال العلاقة بين الشمال والجنوب**: على الرغم من طرح السؤال، مرّاتٍ عديدة، في الرواية العربية، على أيدي الطيّب صالح وسهيل إدريس وتوفيق الحكيم وآخرين، فإنّ الجديد في طرحه، هذه المرّة، في رواية «**الناقوس والمئذنة**» لنزار شقرون هو أن الاصطدام بين الشمال والجنوب يتمّ على أرضٍ جنوبيّة، ويتسبّب في ارتدادات ترصدها الرواية، سواءٌ على مستوى الأفراد أو المؤسّسات.

على أنّه لا بدّ من الإشارة، في ختام هذه النظرة البانورامية العاجلة، إلى أن الأسئلة العشرة الآنفة ليست كلَّ الأسئلة التي يحبل بها الواقع العربي. وثمّة أخرى كثيرة لا يتّسع المقام لذكرها. وما دام الأمر كذلك، فإن الرواية العربية ستستمرّ في طرح الأسئلة وإعادة تشكيل الواقع وفق مقتضيات الفن الروائي وقوانينه النافذة.

إنّ تجاور هذه الروايات في الحيّز نفسه لا يعني استواءها في الروائيّة والمستوى، بل ثمّة تنوّعٌ واختلافٌ بينها، سواءٌ على صعيد الحكاية أو الخطاب أو تقنيات السرد. ولعلّ من إيجابيات هذا التجاور إتاحة الفرصة للاطلاع على جانب من المشهد الروائي العربي في بعض تجلّياته الأخيرة.

«**في مهبِّ الراوية**» محاولة أخرى لإضاءة الواقع العربي من خلال الرواية، وحلقة سادسة في سلسلة بدأتُها منذ تسع سنوات، على أمل أن تشكّل مع الحلقات الأخرى السّابقة، وربّما اللّاحقة، المشهد الروائي العربي، ومن خلاله الواقع العربي خلال العقدين الأخيرين، على ما فيه من ألوان متعدّدة، وإن طغت عليها القاتمة في معظم الأحيان، فالرواية هي مرآة الواقع، بالمعنى الفنّي لا الفوتوغرافي، وكما يكون الواقع تكون الرواية.

وبعد، آمُل أن يُشكّل الكتاب مصدرًا للفائدة والمتعة، أو لإحداهما على الأقل، كما هي حال رواياته. وعندها، لا أكون قد عدت من الغنيمة بالإياب، والله ولي التوفيق.

بيروت، في 29/ 8/ 2019

إبراهيم نصرالله
في قلب الملهاة الفلسطينية

في العام 1942، يُطلِقُ فولفغانغ يورغراو، عالمُ الفيزياءِ اليهودي الألماني الذي هاجرَ إلى فلسطين وغادرَها في العام 1948 تسميةَ «ملهاة» على المأساةِ الفلسطينية. وبعدَ نيِّفٍ ونصفِ قرن، يُطلِقُ الروائي الأردني/ الفلسطيني إبراهيم نصرالله التسميةَ نفسَها على ثمانيّتِهِ الروائيةِ التي تُغطّي مائتينِ وخمسينَ عامًا من التاريخِ الفلسطينيِّ الحديث، بدءًا من أواخرِ القرنِ السابعَ عشرَ حتى اندلاعِ الانتفاضةِ أواخرَ القرنِ العشرين. ولعلَّهُما أرادا القولَ إن المأساةَ حينَ تَبلُغُ ذروةَ مداها تتحوّلُ إلى ملهاة، عملاً بقاعدة: «كلّ شيءٍ يزيدُ عن حدّهِ ينقلبُ إلى ضدِّه».

«زمنُ الخيولِ البيضاء» هيَ الحلقةُ الثانية، من حيثُ التسلسلُ التاريخي، في هذهِ السلسلةِ الروائيةِ التي تمتدُّ على ثماني حلقات، أولاها «قناديلُ ملكِ الجليل»، وثامنتُها «تحتَ شمسِ الضحى». وفي هذهِ الحلقة، كما في غيرِها، تتحوّلُ الروايةُ مع إبراهيم نصرالله إلى صناعة، لها مناجمُها وموادُّها الأوليةُ وآلاتُها وآلياتُها ومصنعُها والصانع. فهوَ يصنعُها ببراعةِ حائكِ سجّادٍ عجمي، يُمسِكُ بجميعِ الخيوط، يستخدمُها بكفاءةٍ عالية، فتخرجُ الروايةُ من تحتِ يديْهِ سجّادةً عجميةً جميلة. وحسبُنا الإشارةُ إلى أنَّ نصرالله يستندُ في روايتِهِ إلى ثمانيةٍ وعشرينَ مرجعًا كتابيًّا، وعشراتِ الشهاداتِ الشفهيةِ التي استغرقَ جمعُها سنتيْنِ اثنتيْن، وهذا أمرٌ طبيعيٌّ في مشروعٍ كبيرٍ يتنكّبُ فيه صاحبُهُ التأريخَ للقضيةِ الفلسطينيةِ بواسطةِ الرواية. وإذا كان التاريخُ الرسميُّ كثيرًا ما يُعنى بالسلطاتِ الحاكمةِ ويُغفِلُ الناسَ العاديين، فإنّ الروايةَ هيَ التاريخُ الشعبيُّ الذي يُعنى بهؤلاءِ وحركتِهِم في الزمانِ والمكان، وهوَ ما يفعلُهُ نصرالله في «ملهاتِهِ» المأساةِ الثمانيَّةِ الحلقات، وفي حلقتِها الثانيةِ بالتحديد.

ترصدُ الروايةُ تحوّلاتِ القضيةِ الفلسطينيةِ في لحظةٍ مفصليةٍ حرجةٍ من تاريخِها. تمتدُّ من أواخرِ الحكمِ العثمانيِّ إلى بدايةِ النكبة، وما بينَهُما من انتدابٍ بريطانيٍّ شكّلَ البيئةَ الحاضنة

لها. وتدورُ حوادثُها في فضاءٍ روائيٍّ ريفي، زراعي، عشائري، محافظ، تَحكُمُهُ الكثيرُ من العاداتِ والتقاليدِ هوَ قريةُ «الهادية»، المعادلُ الروائيُّ لفلسطين، في النصِّ الروائي. وتشترِكُ فيها عشراتُ الشخصياتِ الرئيسيةِ والهامشية، على مدى ثلاثةِ أجيال، تنخرطُ في عِلاقاتٍ روائيةٍ متفاوتة، في البساطةِ والتركيب.

في الصفحةِ الأولى من الرواية، يتمُّ تحريرُ «الحمامة»، الفرسِ الأصيلةِ الجميلة، من سارقِها الذي جاءَ بها إلى «الهادية»، كواقعةٍ روائيةٍ تُمثّلُ واقعًا جميلاً يتناسبُ مع قِيَمِ القريةِ، في إجارةِ الحرِّ وإغاثةِ الملهوف. وفي الصفحةِ ما قبلَ الأخيرةِ منها، تحضرُ «الحمامة» كواقعةٍ روائيةٍ تُمثّلُ واقعًا متردّيًا، حينَ يتراءى لِسُمَيَّة التي أُجبِرَتْ على المغادرةِ مع من تبقّى من أهلِ القريةِ طيفُ «الحمامةِ» عندَ قبرِ زوجِها القائدِ الشهيدِ الحاج خالد، الشخصيةِ المحوريةِ في الرواية، فتندفعُ باتّجاهِها قبلَ الإمساكِ بها ودفعِها عُنوةً إلى الشاحنةِ المغادرة. وبينَ الواقعتينِ/ الواقعين، تمتدُّ الروايةُ لترسمَ مسارًا انحداريًّا ينزلقُ إليه الواقعُ الفلسطيني، بفعلِ عواملَ داخليةٍ وخارجية. ولعلّ خيرَ تجسيدٍ لهذا الواقعِ قولُ العمّةِ الأنيسة مخاطبةً بعضَ رجالِ القرية: «**شو بتستنوا، ما المكتوب باين من عنوانه. يا خسارة! صرنا مش عارفين حالنا وين. طاسه وضايعة. الإنجليز ينهشوا فينا واليهود ينهشوا فينا ومشايخنا ينهشوا فينا... وكلمة تأخذنا وكلمة تودّينا!!**» (ص 401).

في ترجمةٍ روائيةٍ لهذا الواقع، لا بدَّ من الكلامِ على العناصرِ الثلاثةِ المكوّنةِ له، الاستعماريِّ والاستيطانيِّ والمحلي، وتَمَظْهُرِ كلٍّ منها في النصِّ الروائي، والآليّاتِ المعتمدةِ فلسطينيًّا في مواجهتِه:

- يتمظهرُ العنصرُ الاستعماريُّ في مجموعةِ ممارساتٍ تعرّي الطبيعةَ الاستعماريةَ للانتدابِ الإنكليزي، منها: ضربُ العمّالِ العربِ واحتجازُهُمْ وطردُهُم، اغتيالُ الثوّار، نسفُ البيوت، الاعتقال، العقابُ الجماعي، إطلاقُ الوعودِ الكاذبة، الانحيازُ للمشروعِ الصهيونيِّ وحمايةُ المستوطنات... ولعلّ الشخصيةَ الأكثر تعبيرًا عن هذهِ الطبيعةِ الاستعماريةِ هيَ شخصيةُ الضابطِ إدوار بترسون التي تجمعُ المتناقضات؛ فهوَ، من جهة، لا يتورّعُ عن قتلِ الأبرياءِ بذرائعَ واهية، وإنزالِ العقابِ الجماعيِّ بالقرى، ومحاولةِ اغتيالِ الثوّار، وتفجيرِ بيوتِهم وإهانةِ قائدهِم على مرأى من الجميع. وهوَ، من جهة ثانية، يكتبُ الشعر، يحبُّ الخيلَ ويرفضُ قتلَها ولو كانت لعدوّه، ويكرّمُ الحاج خالد لدى استشهادِهِ بدفنِهِ وإطلاقِ النارِ

تحيةً له. وهنا، وفي معرِضِ بناءِ الشخصية، نتساءلُ: إذا كان إكرامُ بطولةِ الخصمِ في المعركةِ يندرجُ في الأدبياتِ العسكريةِ المعروفةِ عبرَ التاريخ، فكيفَ لمن يعشقُ الخيلَ ويكتبُ الشعرَ أن يكونَ على هذا القدْرِ من القسوةِ والعنفِ والانحيازِ إلى الباطل؟

ـ يتمظهرُ العنصرُ الاستيطانيُّ في ممارساتِ المستوطنينَ العدوانية، بدءًا من إقامةِ المستوطنةِ على أرضِ «الهادية»، مرورًا بأعمالِ القنصِ والقتلِ والترهيبِ وإحراقِ الحقولِ وطردِ السكّانِ الأصليين، وصولاً إلى ارتكابِ المجازر، تحتَ أعينِ السلطةِ المنتدبةِ وبتواطؤٍ منها. وهنا، لا يمكنُ الكلامُ على شخصيةٍ روائيةٍ محدّدةٍ تمثّلُ هذهِ الممارساتِ التي يشتركُ فيها الجميع، بشكلٍ أو بآخر. فالكاتبُ لا يمنحُ الشخصيةَ الاستيطانيةَ المغتصِبةَ شرفَ الحضورِ في نصِّه، في إشارةٍ روائيةٍ واضحةٍ إلى عدمِ الاعترافِ بها، من جهة، والردِّ على مظالمِ الواقعِ القاسي بالكتابة، من جهةٍ ثانية.

ـ يتمظهرُ العنصرُ المحلّيُّ في الروايةِ بأدواتِ المشروعِ الاستعماريِّ/ الاستيطاني، السياسيةِ والدينية؛ فعلى المستوى الأوّلِ السياسي، يُشكّلُ الزعيمُ المدينيُّ سليم بك الهاشمي نموذجَ الشخصيةِ المتعاونةِ مع الانتداب، على حسابِ كرامتِهِ وهويَّتِهِ ووطنِه، فيتمُّ إذلالُهُ من الضابط بترسون، واستغلالُهُ من صديقِهِ حاكمِ اللواء، واستغباؤُهُ من مدام روزالين، دونَ أن يرفَّ له جفن، أو تنتفضَ فيه ذرّةُ كرامة. المهمُّ أن يبقى زعيمًا، ويصلُ به الأمرُ حدَّ تدبّرِ أمرِ سَجْنِهِ صُوريًّا مع صديقِهِ الحاكم كي يستعيدَ شعبيةً مفقودة، ويكتسبَ هويةً نضاليةً ليسَتْ له. وهوَ يضيقُ ذَرْعًا بشعبيةِ القسّامِ حتى بعدَ موتِه، وبشعبيةِ الحاج خالد في حياتِه. ويتّخذُ له أدواتٍ تساعدُهُ في تنفيذِ أهدافِه، وتنسجمُ معه في العمالةِ للمحتل. وهكذا، نكونُ إزاءَ شخصيةٍ غيرِ وطنية، انتهازية، مركنتيلية، تفتقرُ إلى الحدِّ الأدنى من الانتماءِ الوطنيِّ والكرامةِ الشخصية، لذلك، ما إن تتفاقمُ الأوضاعُ حتى يستقلَّ أوّلَ طائرةٍ متجهةٍ إلى بيروت تاركًا شعبَهُ لمصيرِه.

وعلى المستوى الثاني الديني، يلعبُ الديرُ وبعضُ الكهنةِ دورًا مشبوهًا في جبايةِ الضرائب، وفي ادّعاءِ ملكيةِ أراضي الفلاحينَ التي ورثوها ويعملونَ فيها أبًا عن جد، وفي إخفاءِ الكواشينِ والوثائقِ التي تثبتُ ملكيتَهُمْ لها، وفي بيعِ الأرضِ للمستوطنينَ اليهود. وبذلك، يشكّلُ الدينُ واجهةً للسياسة، وينهضُ بهذا الدورِ الكاهنان ثيودورس ومنولي اللذان يَحرفانِ الديرَ عن وظيفتِهِ الأصلية، ويُسيئانِ إلى صورةِ رجلِ الدين. غير أنَّ موقفَ

الأبِ إلياس سليم الوطني، المتمرّدِ على الإكليروس، الذي يعثرُ على الكواشينِ والوثائقِ ويساهمُ في إعادةِ الحقِّ إلى أصحابِه، يقدّمُ صورةً مشرقةً عن رجلِ الدينِ المنتمي إلى وطنِه، المتضامنِ مع شعبِه، المنحازِ إلى الحق. ولعلَّ إقفالَ الدير، ومنْ ثمّ إحراقَه، يشيانِ برفضِ العالمِ المرجعيِّ الذي تحيلُ إليه الروايةُ انحرافَ المؤسَّساتِ الدينيةِ عن دورِها الطبيعي، ورفضِ خوضِ رجالِ الدينِ في وحولِ السياساتِ المشبوهة.

في مواجهةِ هذا الواقعِ المتردّي المركّب، يجترحُ الشعبُ الفلسطينيُّ، أهلُ «الهاديةِ» نموذجًا، مختلفَ أساليبِ المقاومةِ وأشكالِها، فتتراوحُ بينَ: دَقَّةِ المهباش، وتضليلِ العدو، والتظاهرة، والاعتصام، والمرافعةِ القانونية، ومعاقبةِ الخونة، والعمليةِ العسكرية، وغيرِها...؛ وتتعدّدُ الشرائحُ الشعبيةُ والفئاتُ العمريةُ المشاركةُ فيها، فنرى المحاميَ الكهل، والابنَ الفتى، والجامعيَّ الشاب، والرجلَ المجرّب، والقائدَ المحنّك، وصانعَ القهوةِ العجوز، والزوجةَ...؛ فالمحامي سليمان المرزوقي يتمكّنُ بمرافعتِهِ من استبدالِ عقوبةِ السجنِ بعقوبةِ الإعدامِ الصادرةِ بحقِّ أحدِ المقاومين، وصانعُ القهوةِ حمدان يجعلُ من دقّاتِ المهباشِ جرسَ إنذارٍ مبكّرٍ لثوّارِ القرية، وكريم النجار يقتلُ والدهُ الذي وشى بالحاج خالد ما أدّى إلى مطاردتِهِ واستشهادِه، والعزيزةُ تقتلُ زوجَها الخائنَ الذي وشى بأخوَيْها ما أدّى إلى القبضِ عليهما وإعدامِهما، والخوري إلياس يعيدُ الكواشينَ إلى أصحابِها ما يثبتُ حقَّهُمْ في أرضِهِم، وسامي الأسمر الطالبُ الجامعيُّ الملتحقُ بالثورةِ يُضلِّلُ جنودَ الانتداب، رغمَ إصابتِهِ القاتلة، ليحميَ رفاقَه، فيمشي أمامَهُمْ مسافةً طويلةً حتى ينهارَ ويسقطَ شهيدًا، وغيرُها، وغيرُها من الوقائعِ الروائيةِ التي تُبرزُ بطولةَ الشعبِ الفلسطيني، وتفانيَهُ في الدفاعِ عن أرضِه، رغمَ عدمِ تكافؤِ القوى بينَهُ وبينَ أعدائِه، ورغمَ تخلّي ذوي القربى عنه.

غيرَ أنَّ الشخصيةَ المحوريةَ في الروايةِ التي تلعبُ دورًا أساسيًّا في تنظيمِ أعمالِ المقاومةِ وقيادتِها هيَ شخصيةُ الحاج خالد التي تذكّرُنا بشخصيةِ ظاهر العُمَر الزيداني في «قناديلِ ملكِ الجليل». وإبراهيم نصرالله يُضفي عليها الكثيرَ من الصفاتِ القِيَمِيَّةِ كالشجاعة، والشهامة، والفروسية، والنبل، وإجارةِ الحر، وإغاثةِ الملهوف، والعفوِ عن المخطئ، والتسامح، والكرم، والانفتاح، وغيرِها ممّا يندرجُ في منظومةِ القِيَمِ العربيةِ الأصيلة. وبذلكَ، يقدّمُ لنا شخصيةً مثالية، وهوَ لا يكتفي بهذا، بل يؤسطرُ هذهِ الشخصيةَ وينسبُ لها أعمالاً خارقةً تعصى على التصديق، ويجعلُ منها شخصيةً ملحميةً تُناسبُ مشروعَهُ الروائي.

وفي الوقائعِ المنسوبةِ إلى الحاج خالد: تحدُّرُهُ من عائلةٍ «كتبَتِ الخيلُ أقدارَ رجالِها»، على حدِّ تعبيرِ ابنِهِ محمود (ص424). قيامُهُ بتعقّبِ مجموعةٍ من رجالِ الدركِ الأتراكِ ليلاً مسلّحًا بخنجرٍ وتمكُّنُهُ من قتلِهِمْ جميعًا واستعادةِ المنهوباتِ التي صادروها. خطفُهُ خطيبتَهُ السابقةَ ياسمين من عرسِها وإعادتُها من حيثُ خطفَها. مصادرةُ الأبقارِ التي اجتاحَتْ حقولَ القريةِ رغمَ أنفِ أصحابِها وإعادتُها لهُمْ يومَ حلّوا ضيوفًا عليه. قبولُهُ أن يُمارسَ ابنُهُ الشعائرَ المسيحيةَ مقابلَ قَبولِهِ في مدرسةٍ دينيةٍ في رام الله. إعادةُ سعدية معزّزةً مكرّمةً إلى ذويها، بضَعْفِ ما كانَ عليها من حلي، دونَ أن يَمَسَّها، رغمَ حقِّهِ في الحصولِ عليها. قيادتُهُ معركةَ «خلدة» بشجاعةٍ وحنكة. محاولتُهُ افتداءَ قاسم عليان زوجِ حبيبتِهِ السابقةِ بنفسِه. واستشهادُهُ خلالَ مطاردةِ الإنكليزِ لَهُ وهوَ ممسكٌ بمسدّسِه. هذهِ الوقائعُ تجعلُهُ جديرًا بالصفاتِ التي أُضفيَتْ عليه.

إنّ الحوادثَ العديدة، المتشابكة، الدراميةَ التي تُغطّيها الرواية، في لحظةٍ تاريخيةٍ حرجة، طيلةَ ثلاثةِ عقودٍ ونيّف، خلالَ النصفِ الأوّلِ من القرنِ العشرين، وما تمخّضَتْ عنه من تحوُّلاتٍ دراماتيكيةٍ ما نزالُ نعيشُ تداعياتِها الخطيرةَ حتى اليوم، هيَ ما يمنحُ الروايةَ ملحميَّتَها وتاريخيَّتَها. وإذا ما أضفْنا إليها غنى النصِّ بالعاداتِ والتقاليدِ والأعرافِ، والحكايات، والأمثالِ الشعبية، والأغنيات، والهوامشِ التاريخية، والآياتِ الدينية، والنصوصِ الأنثروبولوجية، نكونُ إزاءَ نصٍّ روائيٍّ تاريخيٍّ ملحميٍّ بامتياز، حتى إذا ما تكاملَ مع النصوصِ السبعةِ الأخرى من السلسلةِ الثمانيّةِ الحلقاتِ التي تشكّلُ الملهاةَ/ المأساة، يكونُ إبراهيم نصرالله قدْ كتبَ الإلياذةَ الفلسطينية، على حدِّ تعبيرِ الباحثةِ الفلسطينيةِ سلمى الخضراء الجيوسي.

***

يضعُ نصرالله روايتَهُ في ثلاثةِ كتبٍ داخليةٍ غيرِ متوازنةٍ في الحجم، وتتدرّجُ صُعُدًا من الثالثِ إلى الأوّلِ فالثاني، ويُعنونُ اثنينِ منْها بعنصرَيْنِ طبيعيَّيْنِ هما «الريحُ» و«الترابُ»، ويُعنونُ الثالثَ بعنصرٍ بشريٍّ هوَ «البشرُ» ما يُغلِّبُ الطبيعةَ على الإنسان، في العناوينِ على الأقل، وتشتملُ الكتبُ الثلاثةُ ضمنَ الروايةِ على مائةٍ وستٍّ وعشرينَ وحدةً سردية، يتراوحُ طولُ الوحدةِ منْها بينَ فقرةٍ واحدة، في الحدِّ الأدنى، وإحدى عشرةَ صفحةً، في الحدِّ الأقصى. والكاتبُ يتصرّفُ بهذا الكمِّ الكبيرِ من الوحداتِ السرديةِ بكفاءةٍ عالية، فيضعُ كلاًّ منْها في

مكانِها المناسب، وقلّما نَجِدُ وحدةً زائدةً عن الحاجةِ ويمكنُ الاستغناءُ عنها. على أنّ العِلاقةَ بينَ الوحداتِ المتعاقبةِ المختلفةِ التي تنتمي إلى عدّةِ خيوطٍ سرديةٍ لا تعدو كونَها عِلاقةَ تَجاوُر، في الشكلِ على الأقل. أمّا الوحداتُ غيرُ المتجاورةِ المنتميةُ إلى الخيطِ السرديِّ الواحدِ فتترابطُ فيما بينَها وإنْ تخلّلتْها فجواتٌ معيّنة. وبذلكَ، نكونُ إزاءَ مسارٍ تراكميٍّ حديثٍ تَغلُبُ عليهِ الأفقية، ويُجانبُ المسارَ الهرميَّ التقليديَّ الذي تعتمدُهُ الروايةُ الكلاسيكية. وفي هذا المسار، تنتظمُ الخيوطُ السرديةُ المختلفةُ ضمنَ جديلةِ النص، وتخضعُ لجدليةِ الظهورِ والاختفاء، وهوَ جدالٌ خارجيٌّ بينَ الخيوطِ المختلفةِ وداخليٌّ ضمنَ الخيطِ الواحد.

وهكذا، يصوغُ نصرالله الحكايةَ التاريخيةَ الشعبيةَ الفلسطينيةَ في خطابٍ روائيٍّ حديث، ولعلّ السمةَ الكلاسيكيةَ الوحيدةَ فيه استخدامُهُ تقنيةَ الراوي العليم. وإذا كانَ تمَّ خرقُها نادرًا في مواضعَ متفرّقةٍ من الرواية، فإنّ هذا الخرقَ كانَ يتمُّ بدورِهِ من ضمنِ هذهِ التقنيةِ نفسِها.

في «زمنِ الخيولِ البيضاءِ»، كما في غيرِها من رواياتِه، لا يستطيعُ الروائيُّ إبراهيم نصرالله أن يتحرّرَ من الشاعرِ فيه على مستوى اللغةِ الروائية، فيروحُ الشاعرُ يتدخّلُ في شؤونِ الروائي، بجرعاتٍ محدّدةٍ، وهوَ تدخّلٌ محبّبٌ، تنجمُ عنهُ صورٌ ومجازاتٌ مختلفةٌ تكسرُ مباشرةَ السردِ، وتُضفي عليهِ قليلاً من ملحِ الشعرِ الذي لا يُفسِدُ «الطبخةَ» الروائيةَ بل يجعلُها أشهى. وبذلكَ، يصوغُ المضمونَ التاريخيَّ بشكلٍ أدبيٍّ روائي، ويرتقي بالتاريخِ إلى مصافِّ الأدبِ الروائي، ويُحقّقُ وظيفةَ الأدبِ المزدوجة، عبرَ التاريخ، عنيتُ بها المتعةَ والفائدة.

أحمد المديني
بين السلطة والمجتمع

منذ حوالي نصف قرن، بدأ الكاتب المغربي أحمد المديني مسيرته الكتابية، الطويلة، المتنوّعة، التي تمخّضت عن حصاد وفير في الحقول المعرفية الأدبية المختلفة، فبلغ مجموع مؤلفاته المطبوعة ستين كتابًا، حتى تاريخه، تتوزّع على: خمس عشرة رواية، وخمس عشرة مجموعة قصصية، وثلاث مجموعات شعرية، وسبعة كتب في أدب السيرة، وأربعة كتب في أدب الرحلة، وست عشرة دراسة جامعية ونقدية. وما تزال المسيرة مستمرّة.

في روايته الخامسة عشرة والأخيرة «في بلاد نون» (المركز الثقافي العربي)، يقوم المديني برصد طبيعة العلاقة بين الحاكم والرعية في العالم المرجعي الذي تحيل إليه الرواية، وتفكيك آليات ممارسة السلطة في مجتمع سكوني، مغلق، منقطع عن دورة الحياة وحركة الزمن، وتعرية آليات الدفاع التي يلجأ إليها المجتمع في مواجهة السلطة الحاكمة، ويروي عدم التكافؤ بين السلطة والمجتمع ما يجعل الثاني يدور في فلك الأولى ويفشل في التحرّر من قبضتها الحديدية. لعله أراد أن ينعى تجربة الربيع العربي، من خلال العالم المرجعي لروايته. وهو يفعل ذلك في نصٍّ روائي ملتبس تنعدم فيه المسافة بين الواقع والخيال، ما يفسّر تصديره الرواية بالقول: «كل محكي هنا واقعي، كل محكي هنا خيالي». وهو، بذلك، يمارس نوعًا من التقية الروائية، في ظلّ سلطة تمسك بتلابيب الأنشطة الاجتماعية المختلفة، وفي طليعتها الكتابة.

تشكّل واقعة استيقاظ بلدة نون، ذات صباح، على جلبة غريبة لم تعرفها من قبل، البداية النصّية للرواية، ونقطة تحوّل وقائعية في مسار الأحداث، التي تتراكم ويتناسل بعضها من بعض حتى تبلغ النهاية المرسومة. وبين البداية والنهاية سلسلة من الوقائع والذكريات والتخيّلات التي يمتزج فيها الواقعي بالسحري، والحقيقي بالخيالي، والعادي بالغرائبي، ما يشكّل فضاء روائيًّا هجينًا، يتّخذه الكاتب مطيّة لتفكيك العلاقة بين السلطة والمجتمع،

فيمارس دور الروائي الشاهد على عصره، من جهة، ويتحلّل من المسؤولية المترتّبة على هذه الشهادة، من جهة ثانية.

السلك الأطول الذي ينتظم الرواية يعكس العلاقة المتوترة بين السلطة والمجتمع، يتمثّل الطرف الأول منه الجلبة التي أثارتها أعمال الحفر المفاجئة في بلدة نون، دون سابق إنذار، ما يشي بمحاولة السلطة الحاكمة، عبر أدواتها، صرف المجتمع عن همومه الأساسية وإغراقه في القلق على مصيره. ويتمثّل الطرف الأخير منه في تجمّع الناس أمام شاشة عملاقة في مكان الحفر ومشاهدتهم زيارة (للّا نونة) إلى الحاكم مباشرة، وانخراطهم في رقصة الجذبة التي شاهدوها على الشاشة، ما يشي بنجاح السلطة في ترويض المجتمع، وتعرية رموزه، وإفراغها من مضمونها. وما بين الطرفين، ثمّة وقائع كثيرة تعكس الصراع، الخفي والمعلن، بين السلطة والمجتمع الذي ينجلي عن نصر مؤزّر للأولى على الثاني.

في سياق الصراع بين الفريقين، تقوم السلطة بالممارسات التالية: تأليه المسؤول (الحاكم الأعظم)، أعمال الحفر الغامضة والمشبوهة في بلدة منقطعة عن العالم بواسطة بعض المقاولين (المعلم لمباركي)، ممارسة القمع بواسطة كبار الموظفين (القائد الإداري، قائد الجندرمة، عميد الأمن الخاص)، التجسّس على الناس (ساعي البريد)، الإلهاء بالحكايات (بائع الحكايات)، التوظيف السياسي للدين (الشيخ المعمّم)، استدعاء المعارضين وتعريتهم أمام الملأ (نونة)، وغيرها... والملاحظ أن أسماء الشخصيات التي تتولّى هذه الممارسات ليست أسماء علم بل أسماء جنس، ولعل الكاتب تعمّد عدم التسمية والاكتفاء بأسماء الوظائف، في محاولة منه إضفاء الرهبة والغموض عليها، ما ينسجم مع الدور السلطوي الذي تنهض به كلٌّ منها. وهذه المحاولة تبلغ الذروة في رسمه شخصية الحاكم الأعظم حين لا يجرؤ أحد على ذكر اسمه، وتحيطه العامة بهالة من التقديس والإعظام، فهو لا قابل أحدًا، ولم يسبق لأحد أن رآه، ويظهر في نهاية الرواية على شكل دائرة من الضوء، ما يجعل منه نوعًا من إله، يخشاه الناس ويرجونه في آن. وبذلك، ينجح المديني في رسم شخصية الحاكم في العالم المرجعي الذي يحيل إليه، وفي لحظة تاريخية حرجة، يعتبر فيها الحاكم نفسه إلهًا، ويقوم المحكومون بعبادته.

إلى ذلك، يندرج ضمن شخصيات السلطة أدواتها المختلفة؛ فنرى المعلم لمباركي المقاول الذي جمع ثروته بطريقة مشبوهة، فينساق إلى تنفيذ ما طلب منه، تحت الترغيب

والترهيب، ولا يجرؤ على المطالبة بحقة خشية أن يلقى مصير سواه من المتعهدين، فيتحوّل إلى أداة وضحية للسلطة، في الوقت نفسه. ونرى ساعي البريد الذي يتخذ من عمله غطاء للتجسّس على الناس والإيقاع بهم. ونرى القادة الأمنيين والإداريين الذين يمارسون القمع على أنواعه، وغيرهم.

وفي سياق الصراع نفسه، يلجأ المجتمع إلى آليات الدفاع، السلبية والإيجابية؛ فيقيم على الصمت والخوف من الحاكم، ويحمل إحساسًا بذنب لم يرتكبه، ويصنع رموزًا يحتمي بها (للاّ نونة)، ويحج إليها للتبرّك، ويرفع مطالبه إلى الحاكم بواسطتها، وينشغل في صراعاته الداخلية، ويمارس التجمّع والتظاهر، وحين يتم إسقاط رموزه بحيل السلطة ومناوراتها تنطلي عليه الحيلة، فيتخلى عن رموزه، وينخرط في لعبة السلطة، ويدور في فلكها... هذه الآليات تقوم بها مجموعة من الشخصيات، هي غالبًا ضحايا السلطة بشكل أو بآخر، والفرق بينها وبين شخصيات السلطة هو أن لكل منها اسم علم يطلقه عليها الكاتب، ما يجعلها واضحة، أليفة، ويجرّدها من الغموض والرهبة، باستثناء (للاّ نونة) التي يحيطها بشيء من ذلك، لرمزيتها.

وفي نظرة سريعة إلى هذه الشخصيات وأدوارها، نرى كبّور النسّاج الذي اعتقل ذات يوم تعسّفيًا لذنب لم يرتكبه، ويتوجّس شرًّا من المخزنيين، ويعيش وسواس القبض عليه، ويتظاهر بالتدين والتقوى خشية القبض عليه، وهو ما إن يشاهد وقائع الموكب السلطوي حتى تستيقظ ذكريات اعتقاله، ويهرب إلى الذاكرة والمخيلة يحتمي بهما من الواقع. ونرى يطّو وحمّو الهاربين من القبيلة لزواجهما خارج أعرافها. ونرى لهيبل الزريّ الشكل الذي يقوم بالبحث عنهما للثأر لنفسه وللقبيلة. ونرى دحمان السائق المفصول من العمل الذي اعتقل لمطالبته بحقه. ونرى هنية السيّدة الجميلة التي تتقن فنون الإغراء والإيقاع بالرجال لتوظيفهم في مصلحتها، وتحقيق هدفها في الانتقام لأخيها الذي اختفى، وتتهم (للاّ نونة) بالمساهمة في إخفائه، ولذلك، تدخل معها في عداء تغذّيه الغيرة والصراع على النفوذ. غير أن الشخصية الأكثر تمثيلاً للمجتمع هي شخصية (للاّ نونة) التي تقيم وحيدة في الجبل، وتزعم مكانة دينية مستمدّة من نسبها القديم، فيحج إليها أهل البلدة وأصحاب الحاجات، وتُنسج حولها الإشاعات والأساطير، ويُسهم احتجابها ووحدتها في تحويلها إلى رمز ديني واجتماعي يجعل الناس يلتفّون حولها، فيحتفلون بالدعوة التي وُجّهت لها من الحاكم،

ويحمّلونها مطالبهم إليه، حتى إذا ما وقعت ضحية مكيدته، وفقدت رمزيتها، ينفضّون من حولها لينخرطوا في رقصة التسليم له.

في «بلاد نون»، يستخدم أحمد المديني خطابًا روائيًا مركّبًا؛ تشوبه الصعوبة في بعض الفصول حين يمعن في الغموض ويطغى عليه الوصف. يتّكئ على التراث السردي العربي حين يستخدم أسلوب المقامة في الفصل الثاني ويكثر من السجع وتوازن العبارات، وحين تستدعي الغرائبية فيه أجواء «ألف ليلة وليلة». يأخذنا إلى الواقعية السحرية حين يمتزج العادي بالغريب والواقعي بالغرائبي. ولعل مثل هذا الخطاب يلائم الحكاية التي يحكيها في عالم مرجعي كثيرًا ما يكون الواقع فيه أغرب من الخيال. والمديني يستخدم تقنية تعدّد الرواة، ويجمع بين الراوي العليم والراوي الشريك في الشخصية الواحدة، وينتقل بين الضمائر برشاقة ويسر، فتتنوع صيغ الكلام لديه، ويجنّب نصّه الرتابة والركود. وهو يمسك بالخيوط السردية ببراعة «المعلم» الذي يتقن حرفته وقد مارسها طويلاً. وهو يضفي على سرده التنوع حين يكسر نمطيّته بكلمة أو تصريح أو خطبة أو قصة أو حلم أو أغنية أو ومقطع شعري...، ويفعل ذلك بلغة سردية مناسبة، رشيقة، تؤثر الجمل القصيرة والمتوسطة، ولا يتورّع عن استخدام عبارات وجمل وأغنيات وأبيات شعر أمازيغية توهم بأمازيغية الفضاء الروائي. «بلاد نون» رواية صعبة، منسوجة بخبرة كبيرة، وتستحق مواجهة الصعوبة في قراءتها.

أحمد المديني
بين متعة الرحلة وفائدة المعرفة

منذ حوالي نصف قرن، يواصل الروائي والقاصّ والكاتب المغربي أحمد المديني مسيرته الكتابية التي تمخّضت عن ستّين كتابًا في الحقول المعرفية المختلفة، حتى الآن، تتوزّع على: ثلاث عشرة رواية، خمس عشرة مجموعة قصصية، ست سير أدبية، ثلاث مجموعات شعرية، ست عشرة دراسة، وخمسة كتب رحلية، خامسها، موضوع هذه العجالة، «خرائط تمشي في رأسي» (دار الأمان/ الرباط)، وهو كتاب في أدب الرحلة، النوع الأدبي الذي يُوشك على الانقراض.

أدب الرحلة نوع أدبي عرفه الأدب العربي في عصوره المختلفة، ولعلّه بلغ الذروة في القرن السادس الهجري/ الثاني عشر الميلادي، على يد ابن جبير الأندلسي، وابن بطّوطة، حتى إذا أزف القرن العشرون وما أتاحه من إمكانات كبيرة في وسائل النقل جعلت السفر جزءًا لا يتجزّأ من الحياة اليومية، أخذ هذا النوع في التراجع، وبات بإمكان أيٍّ كان التعرّف إلى المكان مباشرة بدلاً من القراءة عنه، ويأتي القرن الحادي والعشرون وما حمله من إمكانات هائلة للتواصل الاجتماعي ليجعل هذا النوع الأدبي لزوم ما لا يلزم.

ومع هذا، ثمّة من يكتب في هذا النوع، انطلاقًا من أنّ عين الرحّالة الثاقبة أعمق من عين السائح العابرة، وما يراه الأديب بمجسّاته الدقيقة لا يمكن للفرد العادي أن يراه، ما يجعل الكتابة في الرحلة ضرورة، وهذا ما يفعله أحمد المديني في كتابه الأخير.

يُشكّل المكان المحور الذي يدور حوله أدب الرحلة، فلا رحلة بلا مكان، والرحّالة لا يتناول المكان ببعده الجغرافي الضيّق، بل بما هو إطار للحياة والحضارة والتاريخ وحركة الإنسان فوقه أفقيًّا وعموديًّا، وبهذا المعنى، ينفتح هذا النوع على التاريخ والجغرافيا والعمران والحضارة والأنثروبولوجيا وسواها من الحقول المعرفية. وكتاب أحمد المديني لا يشذّ عن

هذا السياق، فهو يتّخذ من المكان ميدانًا لحركته وحراكه، والكاتب يتناول تونس التونسية، وأصيلة المغربية، وباريس الفرنسية، سواء من خلال الزيارة القصيرة أو الإقامة الطويلة، ويكتب، بنتيجة هاتين الوسيلتين، ثلاثة نصوص، هي مادّة الكتاب. تطغى الكتابة الرحلية على الأوّل، والكتابة الانطباعية على الثّاني، واليوميات على الثّالث، على أنّه ليس ثمّة نصٌّ صافٍ في كلٍّ من هذه الأنواع، بل ثمّة تداخل بينها، وهي موجودة معًا داخل النصّ الواحد، بنسبة أو بأخرى.

في التعريف بالكتاب، يصف المديني نصّه الرحلي، لا سيّما التونسي، بأنّه «يجمع بين ذكريات الماضي وعنفوان الحاضر، بقدر ما يرصد ويشخّص، يستبطن ويتوجدن، في بؤرة تنصهر فيها نظرة العين، وفطنة العقل، بجمرة الإحساس، ونبض القلب...» (ص6)، وهذا الوصف يكشف الآليات التي اتبعها الكاتب في كتابة نصّه.

يكتب المديني نصّه التونسي، إثر رحلة قام بها إلى تونس، ربيع 2015، للمشاركة في معرض الكتاب العربي، يعتبرها نوعًا من الحجّ إلى كعبة الثوّار، بعد نجاح تجربة الربيع العربي في هذا البلد، وهي رحلة سبقتها زيارة أولى برّيّة في العام 1969، برفقة ثلّة من الأدباء المغاربة، وزيارة ثانية أواسط السبعينيّات من القرن الماضي، وثالثة في العام 1992. لذلك، يحفل نصّه بالمقارنات بين مشاهداته في الزيارات الأربع، ويرصد التحوّلات التي عاشها هذا البلد بين الأمس واليوم، ويستيقظ فيه الحنين إلى ذكريات قديمة في بعض الأماكن.

لا يرى المديني موضوعه بعين محايدة، بل بعين ناقدة. وهو، بهذه العين، يلاحظ، خلال زياراته السابقة: القبضة الأمنية للنظام السابق، الفساد الأمني، ازدواجية المعايير بإذلال الضعيف والخوف من القوي، النبرة المنكسرة للمواطن، التلفيق الإعلامي...، ويلاحظ، خلال زيارته الأخيرة: التحوّل الجذري في تعامل الشرطة مع المتظاهرين فلم تعد تقمعهم بالهراوات وقد حرّرهم البوعزيزي من الخوف، الحيوية الثقافية والسياسية التونسية التي لا يضاهيها سوى الحيوية اللبنانية، عدم وجود متسوّلين في وسط المدينة. وفي مقابل هذا الإيجابيات، يلاحظ: تراجع خدمة الطيران التونسي، فوضى العمران، انتشار العشوائيات، انتهازية المثقّفين من ذوي الأحكام الجاهزة والمقاييس الجامدة، وانتشار البطالة في أوساط الشبيبة...

والمديني، خلال مشاهداته، تستهويه المقارنات الزمنية، فيقارن بين زيارتين، والمكانية، فيقارن بين المغرب وتونس، في بعض المشاهدات. وهو يطعّم نصّه بمعلومات تاريخية، أو

ملاحظات أنثروبولوجية، أو آراء نقدية وثقافية، أو تعليقات ساخرة من الآخرين ومن نفسه، أو اعترافات شخصية، وقد يخرج من ذلك كلّه بأحكام قاطعة واستنتاجات عامّة. غير أنّ الكاتب الآتي من إقامة باريسية، لعدّة عقود، كثيرًا ما يظلم موضوعه، ويظلم نفسه، حين يرى بمعايير غربية، ويبحث عن باريس في تونس، وعن الغربي في أبناء قوميّته، فلا يجد ما يبحث عنه، فيخلد إلى واقعية نصحه بها بعض أقاربه من المغاربة. ويُذيّل نصّه التونسي بقصّة وقصيدة هي أقرب إلى الخاطرة النثرية عن مدينة قابس التونسية.

في النصّ المغربي، يتناول المديني يوميّات غير مؤرّخة في مدينة أصيلة المغربية، تطغى عليها الكتابة الانطباعية، وينطوي بعضها على قصص قصيرة، فتكون اليومية إطارًا خارجيًّا لشكل مختلف، انطباعي أو قصصي، ومضمون رحلي متنوّع. اليوميات السبع التي يخصّ بها أصيلة تتراوح بين حكاية غرائبية تزاوج بين الوقائعي والغرائبي وتستوحي المأثور الديني يعرّي فيها الكاتب الإرهاب الممارَس باسم الدين، في اليومية الأولى، ويسخر من النفاق النضالي، في الثانية، فالكاتب المناضل المنشغل بالقضية يريد الإقامة في فندق خمس نجوم، ويسخر من الجشع الكلامي لدى بعض المنتدين، في الثالثة، ويحتفي بالطيّب صالح، في الرابعة والخامسة، ويعبّر عن فقد محمد شكري وآخرين، في طنجة، في السادسة والسابعة. وهكذا، يُورد في «يوميات أصيلة» يوميتين اثنتين لطنجة، ما يطرح مدى ملاءمة العنوان للمتن، والأمر نفسه سيتكرّر لاحقًا في نصّه الباريسي.

إذا كان المديني يفرد نصف الكتاب لنصّيه التونسي والمغربي، فإنّ النصف الآخر يُخصّصه لنصّه الباريسي الذي يُعنونه بـ: «باريس: أوراق أخرى». وهو يستخدم فيه تقنية اليوميات المؤرّخة، غير أن هذه التقنية هي مجرّد إطار خارجي لمادّة سردية/ وصفية متنوّعة، تجمع بين الذكريات والمشاهدات والانطباعات والآراء في مختلف الحقول، وتحفل بالمقارنات الزمنية والمكانية والمواقف الذاتية، ويحضر فيها العالم العربي بمقدار العالم الغربي إن لم يكن أكثر، وهو حضور سلبي، مع الأسف، مقارنةً بالآخر الغربي. وفي هذا السياق، يُكرّر الكاتب ملاحظات وردت في نصّيه السابقين، مكانها المغرب، هذه المرّة، فيشير إلى التزمّت الديني، والتضييق على الأعمال الفنّيّة، والتضييق على المرأة، والفساد الإداري، والروتين الإداري، والإرهاب الديني، وتحكّم الغوغاء، والفوضى العمرانية. وهو يفعل ذلك من خلال الوقائع.

في المقابل، يحضر العالم الغربي، والفرنسي تحديدًا، حضورًا إيجابيًّا غالبًا، يتمظهر في: الاهتمام بالحيّز العام، احترام الحرّيّات، قبول الآخر، الحداثة الأدبيّة، التقدّم العلمي، وسواها. ومن الطبيعي أن ينحاز الكاتب إلى هذه التمظهرات، دون أن يخفي إحساسه بالمرارة من الأوضاع التي آل إليها بنو قومه، وحنينه إلى بلاده، على عواهنها.

في يوميّاته الباريسية، يحضر المديني الناقد والكاتب، فتتناثر فيها آراء متفرّقة في: الكتابة، والرواية، ومواصفات الأعمال الخالدة، واللغة، والجوائز الأدبية، وقانون السوق... وعلى الرغم من وصفه اليوميات بالباريسية، تتخلّلها يوميات مغربية، وإماراتية، ولبنانية، وأردنية، ومصرية، كتبها إثر زيارات قام بها لهذه البلدان، ما يجعل إدراجها تحت العنوان الباريسي في غير مكانه. وانطلاقًا من هذه الزيارات، ومن قراءات الكاتب في أحوال هذه البلدان، يخلص الكاتب إلى رؤية قاتمة لمستقبل المنطقة العربية الغارقة في الانقسامات والحروب، ويبدي خوفه على الهوية العربية، ويعبّر عن ذلك بقول يقتبسه عن رئيس الاستخبارات الفرنسية هو: «إنّ الشرق الأوسط لن يبقى على صورة ما كان عليه» (ص300).

وبعد، «خرائط تمشي في رأسي» ليس مجرّد رحلة في المكان الجغرافي، بل هو رحلة في حقول معرفية مختلفة، تستحقّ العناء والمغامرة، فيعود القارئ منها، وفي جرابه أكثر من متعة، وأكثر من فائدة.

إسماعيل الأمين
بين الرواية والتاريخ

يقول إسماعيل الأمين على لسان إحدى شخصيات روايته الأولى «**أليس والكاهن**» (دار النهضة العربية): «إنّ سرد المتخيّل ليس إلا حكاية تصوّر الوقائع... وإذا لم يكن الأمر كذلك لن يكون التاريخ إلا تفريغًا للمآثر من أهدافها» (113)، فيساوي بين سرد المتخيّل والحكاية، من جهة، ويشترط وجود الوقائع لحكاية التاريخ، من جهة ثانية. وأراه يعمل بهذا القول في الرواية، ويقول منظوره الخاص لكتابتها على لسان تلك الشخصية، فالشخصيات الروائية كثيرًا ما تعبّر عن رؤية الروائي ووجهة نظره، في هذه المسألة أو تلك.

بالدخول إلى الرواية، نرى أنها حكاية تتعاقب فيها الحوادث الروائية كما تحدث في الحياة. يسير فيها السرد في مسار خطي، أفقي، تراكمي. وتتوازى حركته مع حركة الوقائع. وتخلو من تقنيات الخطاب الروائي الحديث، على أنواعها، من جهة، ويضمّن الكاتب روايته كثيرًا من الوقائع التاريخية، فيحكي التاريخ بالوقائع وإن في إطار روائي/ حكائي، من جهة ثانية. وبذلك، يطبّق على نفسه منظوره لسرد المتخيل الروائي.

يوطّئ الأمين لروايته بأسطورة فينيقية تتمّ فيها معاقبة من ينتهك المقدّس الأسطوري. وبذلك، يفتح الرواية على الواقعية السحرية التي تشكّل فضاءً روائيًّا فيها إلى جانب الفضاء التاريخي الواقعي، ويلي التوطئة ست وحدات سردية طويلة، تحمل عناوين أربعة منها أسماء مدن فينيقية، ما يجعلنا إزاء نصٍّ سرديٍّ تاريخي، جغرافي، سحري. وهو يضيء مرحلة مهمّة من تاريخ الفينيقيين، ازدهرت فيها مدنهم/ الممالك، وامتدّت شبكة علاقاتهم التجارية والحضارية على مساحة العالم القديم. ولعلّه أراد أن يقول للأجيال الناشئة أهمّية الماضي العريق لهذا الوطن، ويعرّفها إلى جزء من تاريخه، في محاولة منه لشدّ عصب الحاضر، وتعميق جذور الانتماء الوطني، ما يمنح روايته/ حكايته بعدًا تربويًا، تعليميًّا. وهو يفعل ذلك كلّه، من خلال اقتفاء مسارات شخصياته ومصائرها، وشبكة العلاقات فيما بينها، ومع الخارج.

تتمحور الحكاية حول العلاقة بين بطليها، إيناس الصوري وأليس الصيدونية، في أطوارها المتعاقبة زمنيًّا بين الحب والموت، مرورًا بالزواج وشهر العسل والسفر خارج الوطن وداخله. ويرصد حركتهما المكانيّة في ثلاث جولات سياحية/ استطلاعية، في الداخل والخارج. تحصل الأولى في صور قبل الزواج، والثانية خلال شهر العسل في حواضر خارجية مختلفة وهي الأطول، والثالثة في صيدون بعد الزواج والإنجاب ومشارفة الأولاد اختيار تخصّصاتهم العلمية. وهكذا، يتوزع النص على نمطين كبيرين من أنماط الكلام؛ السرد الذي يُعنى برصد حركة الشخصيات في الفضاء المكاني، على أنواعه، ما يقرّبه من السرد التاريخي، والوصف الذي يُعنى بتصوير المواقع الحضارية المختلفة في الحواضر الفِينيقية، على أنواعها، ما يقرّبه من أدب الرحلة الجغرافي. وداخل كل من هذين النمطين وخارجه، تتجاور الواقعة التاريخية، والمعلومة الأنثروبولوجية، والوصف العمراني، والنشاط الاقتصادي، والأسطورة...، ما يجعله نصًّا معرفيًّا، ودرسًا في التاريخ، ويعزّز البعد التربوي فيه الذي سلفت الإشارة إليه.

بالعودة إلى الشخصيات الأساسية في الرواية، حسبنا الإشارة إلى ثلاث محورية منها، هي:

- **أليس** ابنة هيسدرو الصناعي الصيدوني الثري الذي يرتبط بصداقة مع أمنون التاجر الصوري الثري، أبًا عن جد، وإن اختلفا في الطباع، فيميل الأول إلى التسرّع والخفّة والانفعال بينما يتحلّى الثاني بالحكمة والرصانة. وهي تميل إلى التمرّد والمغامرة والاستقلالية منذ الصغر، تقوم بأعمال الفتيان، تتدرّب على القتال، تشاكس، تسافر، ذات نزوات جريئة، متنوّرة ذات ميول ثقافية، وطنية يتخطّى انتماؤها حدود المدينة/ المملكة إلى الوطن كلّه، قوية الشخصية، تحسن تصريف الأمور ووضعها في نصابها. وتتمظهر هذه الصفات في علاقاتها مع أفراد الأسرة والمحيطين بها؛ فهي تخالف الأب في تعصّبه للمدينة وعصبيته التي يشتمّ منها نفس عنصري، وتناسب الزوج في تطلّعاته الثقافية والحضارية وضرورة توسيع الدور الفينيقي التجاري إلى ما يتعدّاه من دور حضاري، وهي تهتمّ بمستقبل أولادها، فتصطحبهم إلى مدينة صيدون في زيارة المرافق الإنتاجية من معاهد، ومراكز أبحاث، وموانئ، ومصانع سفن، ودور فلك، ومدارس زراعية... ليطّلعوا على حضارة بلادهم، ويختار كل منهم التخصّص العلمي المناسب، وهي تضيق ذرعًا بالكاهن المكلّف برعايتها،

وتأنف من محاولته ممارسة الوصاية عليها باسم سلطته الدينية، وتسخر منه كلّما سنحت لها الفرصة...

- **إيناس** ابن أمنون التاجر الصوري الثري، وهو بحّار شجاع، وتاجر واسع النشاط تتخطّى حدود تجارته المدينة/ المملكة إلى ما عداها من حواضر العالم القديم. محافظ، لا يريد كسر التقاليد وإن لم يقتنع بها. هادئ، على عكس حبيبته وزوجته أليسار، لكنهما يتفقان في ميولهما الثقافية وضرورة تجديد الدور الفينيقي، ويسعى إلى الانفتاح على الجوار وفتح علاقات جديدة مع الأقاليم المجاورة.

- **الكاهن** هو رجل الدين الفينيقي وحارس التقاليد. محافظ. خبيث. يظهر غير ما يضمر. يفهم الكلام من حركة الشفاه. يمتلك سلطة واسعة على الأفراد تخوّله التدخّل في الحياة الشخصية للعروسين، وتحديد التوقيت المناسب للمضاجعة، ووصف الدواء، وتقرير العلاج. يحاول فرض وصايته على أليس، فيصطدم باستقلاليتها العالية وتمرّدها.

يجمع بين وظائف الكاهن، والطبيب، والمستشار، وقارئ الغيب... ما يشي بالسلطة الواسعة التي يتمتّع بها رجل الدين الفينيقي في الحياتين الخاصة والعامة، وهذه الحقيقة يقولها الأمين مداورة من خلال الوقائع الروائية، بينما يقول حقائق أخرى كثيرة مباشرة، وهو حين يفعل ذلك يحوّل الرواية إلى درس في التاريخ، فيحسن إلى الأخير، ويسيء إلى الأولى.

في «أليس والكاهن»، نقع على عادات العرس الفينيقية، وأنظمة الزراعة والري، وأنماط العمارة، ومظاهر البذخ والثراء، وأنواع النشاط الاقتصادي، وحقول الصناعة، وحقائق التاريخ، ومعالم الجغرافيا...، ما يجعلنا إزاء خلطة روائية، تاريخية، جغرافية، أنثروبولوجية متنوعة. يتجاور فيها السرد، والوصف، والرحلة، والتاريخ، والزراعة، والسياسة، والاقتصاد، وغيرها من الحقول المعرفية، بمقادير معينة، تصغر أو تكبر، حسب رغبة الروائي/ الطاهي وخبرته.

في الخطاب الروائي، نشير إلى أن ثمة فجوات زمنية طويلة بين الوحدات السردية، وداخل الوحدة نفسها، لا يجري ردمها. وفي هذا السياق، ثمة فجوة كبيرة بين الوحدات السردية الأربع الأولى التي تتمحور حول شهر العسل والوحدة السادسة التي تتمخّض عن ثلاثة أولاد. وثمة عدم تناسب في توزيع النص على مراحل الحياة، ففي الوقت الذي يتم فيه تخصيص رحلة شهر العسل بأربع وحدات سردية، يجري اختصار مرحلة الإنجاب

وتربية الأولاد في وحدة واحدة. وفي الوحدة السابعة، على سبيل المثال، نفاجأ بالكلام على مراسم دفن الوالدين، بطلي الرواية، دون سابق إنذار أو إشارة إلى موتهما (ص 224). وهنا، ليس المطلوب أن يقوم الروائي بتوزيع النص على المراحل العمرية بالتساوي، ولا أن يردم جميع الفجوات الزمنية في نصه، ما يتنافى مع طبيعة الفن التي تقوم على الحذف والاختصار والاختيار، لكن حين تكون الفجوة كبيرة، والتفاوت في التوزيع كبيرًا، تصبح روائية الخطاب على المحك.

وبمعزل عن توزيع الوحدات السردية على الحوادث، نشير إلى أن الوحدة السردية الخامسة (بعثة هنو) التي تتناول رحلة بحار فينيقي على رأس خمس وستين سفينة، حول الساحل الأفريقي، بهدف البحث عن الذهب أو الاستيطان أو فتح أسواق جديدة، تبدو مقحمة على الرواية، ولا ترتبط بها إلا في تصوير روح المغامرة الفينيقية، ويمكن حذفها دون اختلال البنية الروائية. أمّا الوحدة السردية السابعة والأخيرة فيطغى فيها التاريخ على الرواية.

وإذا كان الكاتب لم يستخدم تقنية الاسترجاع في نصّه، فمضى في مسار خطّي غير متكسّر، فإنّه استخدم تقنية الاستقدام مرّتين اثنتين في صفحة واحدة، ولو بمساحات ضئيلة، تعادل سطرين اثنين في الأولى، وأربعة أسطر في الثانية (ص 60). وهو يقوم بكسر نمطية النص عدة مرّات، بـ: عقد زواج، أو رسالة، أو تقرير، أو نص تاريخي. ويفعل ذلك بلغة مناسبة، تصويرية تعتمد التشابيه المبتكرة في تصوير الجسد الأنثوي، وتلامس الشعرية في بعض المستويات، ولا تخلو من أخطاء نحوية متفرّقة.

«أليس والكاهن» نصٌّ يعكس العلاقة الملتبسة بين الرواية والتاريخ، وإذا كانت الكفّة قد رجحت لمصلحة الأخير، فإنّ للأولى حيّزها الذي يستحقّ القراءة.

إلياس خوري
في «نجمة البحر» بين إنسانوية النص ووحشية المرجع

«نجمة البحر» (دار الآداب) هي الحلقة الرابعة عشرة في سلسلة إلياس خوري الروائية الطويلة التي بدأها في العام 1975 برواية «عن علاقات الدائرة»، والحلقة الثانية في سلسلته القصيرة «أولاد الغيتو» التي بدأها في العام 2016 برواية «اسمي آدم». وهو في «نجمة البحر» يكمل ما بدأه في هذه الأخيرة، فيتمحور السرد حول شخصية «آدم» التي تشكّل مقاربة جديدة للشخصية الفلسطينية في ظل الاحتلال الإسرائيلي، بمعزل عن مدى واقعية هذه المقاربة أو عدم واقعيتها، وهي امتداد للمقاربة المطروحة في «اسمي آدم» التي تحتوي «نجمة البحر»، من الناحية الزمنية، وإن اختلفت الحوادث في كلتا الروايتين وتكاملت. وبذلك، تجمع العلاقة بينهما بين الاحتواء، في الشكل، والاختلاف والتكامل، في المضمون.

يحاول إلياس خوري أن يُصدّر في روايته عن منظور إنسانوي، يعدل فيه بين الضحية، من جهة، وضحية الضحية، من جهة ثانية. وبذلك، يُحسن إلى الأولى، ويُسيء إلى الثانية، من حيث يقصد أو لا يقصد، ما تنتفي معه العدالة التي لا تعني أبدًا المساواة بين المهاجر المحتل والمهجَّر المحتلَّة أرضه.

الشخصية الفلسطينية التي تقدّمها الرواية، من خلال آدم، شخصية مهزومة، متنكّرة لماضيها، تنتحل شخصية المحتل وديانته وثقافته لكي تستمر، وتتماهى مع جلّادها، وتتصالح معه، من خلال علاقات «الأخوّة» والعمل والزمالة والصداقة والحب والزواج وغيرها. وفي المقابل، تبدو الشخصية الإسرائيلية، من خلال غابرييل وياكوب، إنسانوية، تقدّم فرص العمل والتعلّم والسفر. على أن الشخصيتين، بتمظهراتهما المختلفة، تعانيان من الهوية الملتبسة. فهل ينطبق هذا المنظور على الوقائع الفلسطينية في اللحظة التاريخية التي تتناولها الرواية؟

على المستوى الفلسطيني، تتراوح تمظهرات الشخصية بين: المهزومة، والعميلة، والمنتقمة، والوحيدة المقطوعة من شجرة، والغارقة في الحنين إلى ما مضى. أي أنّنا إزاء شخصيات سلبية، مغتربة عن الزمان والمكان، وموزّعة بين ماضٍ لن يعود ومستقبل لا يأتي.

الشخصية المهزومة يجسّدها آدم، الطفل الذي عثر عليه على صدر أمه الميتة عند شجرة الزيتون، خلال مسيرة الموت الفلسطينية الكبرى، تتبنّاه منال وزوجها حسن دنّون الذي ينسبه إليه، حتى إذا ما استُشهِد حسن قبل سقوط اللد وتزوّجت منال من عبدالله الأشهل وضاق ذرعًا بظلم الأخير، يغادر آدم البيت، ويصطنع الغموض، وينتحل هوية أخرى كي يحمي نفسه بعد أن تخلّى عنه آباؤه، فيزعم أنّه من عائلة دانون ليوحي بيهوديته، ويبدي حبّه اللغة العبرية، ويرغب في دراسة الأدب العبري، ويساعده شَعره الأشقر على هذا الانتحال، ويعتمر طاقية إخفاء يخفي بها هويّته الحقيقية. لذلك، تتيح له هذه الآليات: فرصة عمل ومأوى وتعلّم، على يد غابرييل تاندوف، المهاجر البولندي، وفرصة الدراسة الجامعية على يد ياكوب إيبنهاينر، المهاجر الألماني، وفرصة السفر معه إلى وارسو لزيارة الغيتو ومتحف الموت في أوشفيتز، وفرصة اختبار تجربة إنسانية قاسية في المكانين. غير أنه حين يكتشف غابرييل العلاقة السرية بين آدم وابنته رفقة يطرده من الكاراج والبيت، ويهدّد بقتله متخلّيًا عن قناعه الإنسانوي، كاشفًا عن وجهه العنصري الذي يعتبر العرب جنسًا قذرًا. وحين يكتشف ياكوب هوية آدم الحقيقية، ويعتبر أنّه خدعه، يقطع علاقته به، وهكذا، يسقط قناعه الإنسانوي أيضًا. لاحقًا، يقرّر آدم الزواج من دالية بن تسفي، المولودة لأبٍ بولندي وأمٍّ عراقية، بعد قصّة حب طويلة، لتقول الرواية بإمكانية المصالحة بين «الأعداء المفترضين».

إلى ذلك، يجسّد رباح عبد العزيز الشخصية المتعاملة مع المحتل، فيبقى في قريته الغابسية بعد تهجير أهلها منها ورحيل زوجته وأولاده إلى لبنان، ويراهن على علاقته باليهود لاسترجاع أرضه، فيجرّ على نفسه تهمة التعامل معهم، حتى إذا ما خسر نفسه ولم يربح أرضه، يؤول إلى عزلة خانقة في كوخ صغير ثم ما يلبث أن يشنق نفسه.

ويجسّد عبدالله الأشهل الشخصية المنتقمة لكنه يغلّب الخاص على العام، وبدلاً من الانتقام من المحتل الذي هجّره مع أسرته إلى لبنان حيث أدّى قمعه لزوجته وتعنيفها إلى فرارها مع ابنتيها متسلّلة إلى فلسطين وتغيير أسمائهن والزواج من الدكتور نبيل سمعان،

طبيب الأسنان وعضو الكنيست العربي، يقوم بقتل الزوج الذي حضن أسرته. وبذلك، يكون قد أخطأ الهدف.

وتجسّد عبلة، التي رفضت الرحيل مع أسرتها إلى لبنان وآثرت البقاء لرعاية أمّها المقعدة ما أدى إلى زواج زوجها من أخرى وانقطاع الصلة بأولادها وتعرّضها للإذلال في الغيتو، الشخصية المنقطعة عن جذورها وأغصانها. ويجسّد أبو حسن الحجر الشخصية المغتربة مرّتين، فيعود من غربته الأميركية بعد أن تأمرك أولاده وتقدّم به العمر ليعيش غربته الفلسطينية على شاطئ يافا غارقًا في تأمّلاته وحنينه إلى زمن لن يعود.

وهكذا، تشكّل الشخصية الفلسطينية في «نجمة البحر» بتمظهراتها المختلفة شخصية سلبية، ملتبسة الهوية، عاجزة عن الفعل.

على المستوى الإسرائيلي، تقدّم الرواية غابرييل تاندوف، المهاجر البولندي، المقيم في حيفا، شخصية إنسانوية، فهو يعاني فقدان الأخ الأصغر الذي قتل بعد انضمامه إلى الهاغاناه، ولامبالاة الزوجة، ويزعم حب العرب فيؤمّن لشباب من البعنة فرصة العمل في كاراجه، ويمدّ يد المساعدة لآدم الذي يشبه أخاه القتيل، غير أنّه حين يكتشف العلاقة بين الأخير وابنته، يتكشّف عن عنصرية دفينة، ويقوم بطرده وتهديده معتبرًا العرب جنسًا قذرًا. أمّا ياكوب إيبنهاينر، المهاجر الألماني، الذي يبدي آراء إنسانوية، لا سيّما في قراءته المحرقة، سرعان ما يتهم ماريك إديلمان، أحد قادة الانتفاضة ضدّ الغيتو في وارسو، بمعاداة الصهيونية لأنّه رفض الهجرة إلى فلسطين لأسباب أخلاقية، ويتبنّى منطق القتلة حين يقول مخاطبًا آدم: «نحن الألمان الجدد يا عزيزي» (ص 269)، ويقطع علاقته بهذا الأخير حين يكتشف هويّته الحقيقية.

وهكذا، تشكّل الشخصية الإسرائيلية في «نجمة البحر»، بتمظهراتها المختلفة، شخصية مؤثّرة، قادرة على الفعل، لكنّه الفعل الذي يبني مجده على مآسي الآخرين، وبهذا المعنى، تصبح شخصية سلبية بدورها.

إن افتقار الرواية للشخصية المقاومة، على المستوى الفلسطيني، والشخصية الغاشمة، على المستوى الإسرائيلي، من شأنه أن ينتقص من واقعيتها، ويجعل العالم المرجعي الذي تحيل عليه عالمًا مصطنعًا، فاصطناع نص إنسانوي لا يعكس بالضرورة حقيقة العلاقات بين الشخصيتين في المرجع.

وعلى الرَّغم من عدم واقعية المنظور الروائي الذي يُصدّر عنه إلياس خوري في روايته، على مستوى الحكاية، فإنّ للخطاب الروائي شأنًا آخر، ذلك أنّ خوري «شيخ كار» في صناعة السرد، واستخدام تقنيّاته، والتصرّف بخيوطه. وهو يعرف كيف يُمسك بتلابيب القارئ من بداية الرواية إلى نهايتها، فتروح الحكايات تتدفّق على رسلها، وتتناسل بعضها من بعض، من خلال شهادة الشخصية المحورية عليها أو سماعها بها أو المشاركة فيها.

في «نجمة البحر» لكلّ شخصية حكايتها، ولكلّ مكان تاريخه، ولكلّ زمان مساحته النصّية. والرواية هي مجموع حكايات شخصياتها وهويّاتها الملتبسة المتفاعلة داخل النصّ، وحكايات القرى الدارسة والأماكن المهجورة بفعل العدوان. وإلياس خوري بارع في التحكّم بالحكايات وتوقيت ظهورها على خشبة الرواية، وهو يعهد إلى الراوي العليم بدور المخرج الذي يقدّم ويؤخّر، يحذف ويضيف، يروي ويصف، يسرد ويحاور، بما يؤدّي إلى نجاح العرض الروائي.

تتعدّد المستويات اللغوية في الرواية بتعدّد النمط النصّي، ففي السرد يستخدم لغة رشيقة، طليّة، أنيقة، يرشّ عليها الصور الشعرية بمقدار مدروس. وهو يراعي التنوّع في سرده، فيكسر نمطيّته بوصف مكان، أو بشهادة كاهن، أو اعتراف متّهم، أو خبر صحفي، أو حوار مختصَر، أو أبيات شعرية. وفي الحوار، يستخدم المحكية الفلسطينية، فيعزّز واقعية النص. وبهذا التعدّد اللغوي، والتنوّع النصي، يمنح نصّه الرشاقة والحيوية والروائية.

وبعد، لعلّ الدرس المركّب الذي يمكن الخروج به من «نجمة البحر» هو أن الغيتو لا يبرّر الغيتو، وليس من حقّ الضحية أن تتحوّل إلى جلّاد، ولا تستوي الضحية مع ضحيتها، وكتابة النص الإنسانوي تقتضي عالمًا مرجعيًا إنسانويًّا، وهو ما لا يتوافر حتى اللحظة في الصراع الفلسطيني الإسرائيلي.

أمير تاج السر
يُسَحْرِنُ الواقع

ينحو الروائي السوداني أمير تاج السر منحى الواقعية السحرية في روايته «**جزء مؤلم من حكاية**» (نوفل)، فيعيد للواقع شيئًا من سحره المفقود وللحكاية شيئًا من ألقها الغريب. وحين تجتمع سحرية الواقع مع غرابة الحكاية في النص الروائي لا بدّ أن يتمخّض عن هذا الاجتماع نصٌّ مختلف عن النصوص التي تُمنطق الواقع وتُعقلن الحكاية. إن قليلاً من السحر وكثيرًا من الخيال باتا حاجة ملحّة للإنسان المعاصر الذي فقد القدرة على الدهشة، وأصبح عليه أن يجترّ النمطية والتكرار في حياته اليومية وقراءاته الموسمية.

والواقعية السحرية تيارٌ أدبي له جذوره العربية وأغصانه الغربية؛ يقوم على المزج بين الغرائبي والأسطوري والسوريالي، بما يؤدي إلى كسر واقعية الواقع وتعزيز حكائية الحكاية. وهو تيار نرى تمظهراته المبكّرة في كتاب «ألف ليلة وليلة»، ونشهد على ازدهاره في النصف الثاني من القرن العشرين، في غير منطقة من العالم، لا سيّما في أميركا اللاتينية، على أيدي الأرجنتيني خورخي لويس بورخيس، والكولومبي غابرييل غارسيا ماركيز، والغواتيمالي ميغل أنغيل أستورياس، والتشيلية إيزابيل الليندي، وسواهم، ردًّا على النهضة الأوروبّية التي قلبت ظهر المِجَنّ لكلّ ما هو غيبي، وماورائي، ومحلّي، وغير واقعي في الحياة والفن.

أمّا في العالم العربي فيتمظهر هذا التيار، بشكل أو بآخر، في بعض أعمال نجيب محفوظ وخيري شلبي وسعيد الكفراوي، على سبيل المثال لا الحصر. غير أنّه يتّخذ شكله الأكثر نضجًا مع السوداني أمير تاج السر لا سيّما في «**جزء مؤلم من حكاية**»، موضوع هذه المتابعة. فكيف تمظهرت مكوّنات الواقعية السحرية في روايته؟

تجري حوادث الرواية، بوقائعها وذكرياتها، في مملكتين متخيّلتين هما: مملكة طير، ومملكة قير. الوقائع تحدث في الأولى، خلال شهر سبتمبر من العام 1750، وتشغل بداية

الرواية ونهايتها، على مدى ست وحدات سردية وثلاث وأربعين صفحة، وتشكّل ما نسبته 15٪ من النص. الذكريات تحدث في الثانية، وتعود سنواتٍ إلى الوراء، وتشغل وسط الرواية، على مدى تسع وعشرين وحدة سردية ومائتين وإحدى وخمسين صفحة، وتشكّل ما نسبته 85٪ من النص. وبذلك، نستنتج، على مستوى الخطاب، أن «جزء مؤلم من الحكاية» هي رواية ذكريات، وأنّها تبدأ نصّيًا من حيث تنتهي تقريبًا.

أمّا، على مستوى الحكاية، فتشكّل العلاقة الملتبسة بين ديباج الكوثري الفارسي، المحرّض على القتل، ومرحلي سواركي، القاتل المأجور، السلك الذي ينتظم الحوادث بوقائعها وذكرياتها. وتتمحور حوله علاقات وأسلاك أخرى، تطول أو تقصر، حسب مقتضى الحال الروائي. وتتمخّض هذه العملية عن الإضاءة على عالمٍ تتفاعل مكوّناته، الغرائبية والأسطورية والسوريالية، لتؤلّف واقعيته السحرية.

في هذا العالم، يكلّف ديباج، صانع التمائم في سوق الدفار الشعبي، الذي شاهد أباه صغيرًا يقتل أمّه بسكين حاد، مرحلي سواركي، الهارب من بيت أبيه، مهامّ القتل في مدينة كونادي، عاصمة مملكة قير، مستفيدًا من حاجة الأخير إلى المال ونزوعه الفطري إلى الشر، فيقوم بتنفيذ المهام دون تردّد بأساليب بدائية مختلفة، ويشكّل الأداة التنفيذية لصاحب القرار بالقتل. وتكون علاقة ملتبسة بينهما؛ المقرِّر يحبّ المنفِّذ، ويعهد إليه بالمهام الخطيرة، ويثق به، ويحسّ بنشوة غامرة حين يتمّ التنفيذ. والمنفّذ واقع تحت سحر المقرّر وسطوته، ولا يتورّع عن القيام بما يطلبه منه، لكنه يقع تحت وطأة الكوابيس التي تطارده، بعد كلّ جريمة يرتكبها. ويكون بين ضحاياهما المتقدّم في العمر، والمشوّه، والموسوس، والضئيل، والفقير. ولا يشفع للضحية أن تمتّ لأحدهما بصلة قرابة أو معرفة أو صداقة. كأنّهما مكلّفان بمهمّة غيبية تقضي بتطهير المجتمع من الضعفاء. ويستمرّان على هذه الحال من التقرير والتنفيذ إلى أن يستنفد المنفِّذ عمله، فيتدبّر المقرّر أمر التخلص منه، ويرسله في مهمّة سرّية إلى مملكة طير، المملكة الأخرى، وفيها يقع بين أيدي قراصنة وثنيين يزعمون أنّهم اشتروه من معلّمه، باعتباره ابن الشيطان، لافتداء طائفتهم. وهكذا، يأكل مرحلي من السمّ الذي شارك في طبخه طويلاً، ويتحوّل الجلاّد إلى ضحية. ولعلّ انحراف الشخصيتين كلتيهما ناجم عن مرحلة الطفولة والصبا؛ فديباج يقتل أبوه أمّه بسكّين حادّ على مرأى منه، ومرحلي يخرج من بيت أهله دون أن يسأل عنه

أحد، ما يجعل كلٌّ منهما خارج الانتماء إلى أسرة يرتبط بها ويعود إليها، ويسهّل عملية انزلاقهما إلى درك الجريمة.

إن انقطاع الشخصيات المختلفة عن جذورها، وعدم انتمائها، يجعلها تفتقر إلى التوازن، وتتردّى في نوع من الازدواجية بين ما تشعر به وتؤمن وما تمارسه من سلوك منحرف.

فديباج، على سبيل المثال، يختار الضحية، ويحرض على قتلها، ويشارك في جنازتها. يقتل بالواسطة، ويبكي القتلى بصدق. يتزوج، ويطلّق بسرعة. يحبّ مرحلي، ويودي به إلى الهلاك.

ومرحلي يقتل، ويرفض قتل الأطفال بعد اغتصابهم. يقتل، ويعي قذارة ما يقوم به. ينصاع لديباج ويُسحر به، ويعرف مدى إجرامه. يقتل، ويرفض تكريم مرجان المتّهم باغتصاب الأطفال.

وكمانة، صاحبة المقهى، ترقص، وتمارس الإغواء، وترفض أن يسيء أحد فهمها.

وخفير، الصبي الغجري، يتزوّج من مبروكة، ولا يتورّع عن قتلها تنفيذًا لأوامر ديباج.

وهكذا، نكون أمام شخصيات روائية، منفصمة، غير منتمية، غير سويّة، تتناسب مع فضاء الواقعية السحرية الذي يفتقر إلى الطَّبَعِيَّة والمنطق والعقل في تدبير الأمور، ويوغل في الغرابة والأسطورة والخيال.

تتمظهر **الغرائبية** في الرواية في الأسماء والمهن والحوادث؛ في **الأسماء**، نقع على: ديباج، مرحلي، جنوبة، كمانة، حرقل، حلباش، البرهان، الزرافة، سعيد الأزمان، أسماء للشخصيات الروائية. ونقع على: طير، قير، اسمين للمملكتين. وفي **المهن**، يطالعنا: الضرب بالرمل، قراءة الكف، صنع التمائم، العلاج بالأعشاب، بيع الألقاب، تعليم التجهّم، صناعة الأقفاص، غسل الموتى، والحواية، وغيرها. وفي **الحوادث**، يستعيد ديباج ومرحلي ذكريات لم تحدث قَط، ويخرج مرحلي من بيت أهله لأنّ دجاجتهم تبكي وتضحك وتغازل الديوك بلا حياء، ويستيقظ نزوعه إلى الشر باستماعه إلى العزف على آلة الجادور، وينفّذ أوامر القتل دون سؤال، ويختلي والد سلاملي بالموج الذي يمنحه نطفته، ويقترن ديباج بمغنية عمياء تسعينية، وغيرها.

تتمظهر **الأسطورة** في مجموعة من الوقائع، نذكر منها: يعود سلاملي الكذاب من الموت، بعد سنوات، ويتراءى لمرحلي وكمانة، وينزل بهما الأذى، ويبني بيته قرب بيت القاتل. تسكن الشياطين في حي السعران، وتتعاطى صناعة العرق والبوظة. يسكن جزيرة هون العميان، ويعملون في المهن العادية، ويكتبون شعر الأسف. يشاهد ديباج ومرحلي جنازة الياطور حسن، المعارض السياسي، في المقبرة، بعد سبع سنوات من الموت. تعود عافيات من الموت وتظهر لكثيرين.

تتمظهر **السوريالية** في: تحوّل جنوبة إلى شجرة. وفاة الشجرة نهوة عن مائة وعشرة أعوام. زواج الابن من أمّه وممارسته السباحة بلا يدين. إقامة عرس ضاج في وسط الطريق لأناس بلا عيون وآذان، لأحدهم رموش غزيرة يجرّها بالأرض. حديث امرأة بلا حلق. امتلاك عشيقة الياطور «ملامح شيطان، بعينين مضطربتين، ورموش كثيفة، وأنف مشقوق في الوسط، ولسان أسود يتدلّى ملامسًا الفك الأسفل» (ص 236).

هذه المكوّنات، الغرائبية والأسطورية والسوريالية، تنخرط في علاقة تفاعلية، داخل النص، وتمنح الرواية هويّتها الواقعية السحرية. صحيح أنّها تكسر واقعية الواقع، وتخرج بالأشياء عن طبيعتها، وتضرب المنطق والعلاقات السببية، لكنها في الوقت نفسه تعزّز حكائية الحكاية ومتعة القراءة. وإذا كان ثمة فائدة يمكن الخروج بها من عملية القراءة، مضافة إلى المتعة، فهي الرسالة المزدوجة التي تقول خطل الوثوق بالمتآمر حتى من أقرب المقرّبين منه، من جهة، وحتمية قتل القاتل، من جهة ثانية. وبذلك، يجمع أمير تاج السر في روايته بين متعة الشكل وفائدة المضمون، ويجعل من العالم السحري موازيًا مفارقًا للعالم الواقعي ورسوله إليه.

أنطوان أبو زيد
يُصفّي ذيول الحرب الأهلية

يشكّل العنوان مدخلاً مناسبًا لقراءة رواية «الحفّار والمدينة» للكاتب اللبناني أنطون أبو زيد (منشورات ضفاف ومنشورات الاختلاف)، فالمجاورةُ بين «الحفّار» التي تنتمي إلى الحقل المعجمي للإنسان و«المدينة» التي تنتمي إلى الحقل المعجمي للمكان تناسب المتن الروائي الذي يرصد التفاعل، بوجهيه السلبي والإيجابي، بين الشخصيات والأماكن الروائية، والتحوّلات الناجمة عن هذا التفاعل، وهي تحوّلات نراها غالبًا من منظور نعمان، الشخصية المحورية في الرواية، التي يعهد إليها الروائي بروي حوالي ثلث الوحدات السردية فيها، فتروي إحدى وثلاثين وحدة من أصل ستٍّ وأربعين، هي مجموع الوحدات التي تتألّف منها، ويلي نعمان في العدد زوجته رنا التي تروي ثماني وحدات، والراوي العليم الذي يروي أربع وحدات، فيما يبقى وحدة سردية واحدة لكلٍّ من ياسمين وسميرة ولبيبة. وهكذا، تغلب تقنية الراوي المشارك على تقنية الراوي العليم في الرواية، ويكون المنظور الروائي متعدّدًا وليس أحاديًّا.

يرصد أبو زيد في روايته التحوّلات التي طاولت الإنسان والمكان، في مرحلة إعادة الإعمار التي انطلقت في بيروت، في التسعينيات من القرن الماضي، وما واكبها من تصفية لذيول الحرب الأهلية اللبنانية. ويتناول، على وجه التحديد، تجارة الآثار المكتشفة خلال حفريات إعادة الأعمار والممارسات التي واكبتها وتشكّل امتدادًا لزمن الحرب وأدبيّاتها. وهو يفعل ذلك من خلال حركة نعمان وأسرته في المكان الروائي العام وعلاقاته مع الشخصيات الأخرى لا سيّما عبدالله المشرف على الحفر من قبل شركة «التنّين» المنخرطة في العملية. يأتي **نعمان**، مدرّس التاريخ، مع أسرته الصغيرة إلى المدينة، مطرودًا من منزل في الضواحي، فيستأجر شقّة صغيرة في شارع باستور، تشكّل نقطة انطلاق لاكتشاف المكان سيرًا على الأقدام، فيصف الشوارع والأحياء والمحلات والمعالم المعروفة، ويكسر نمطية

السرد بوقفات وصفية معيّنة، ونقطة انطلاق لاكتشاف الناس المقيمين فيه، فيرصد حركة الجيران والعلاقات فيما بينهم، في مساحات سردية وحوارية، تتصادى مع المساحات الوصفية لتصنع حركيّة النص.

على أن المفارق أنّ الأسر المقيمة في المكان هي ممّن تقدّم بها العمر، وشارفت الرحيل عن المكان أو الدنيا، في مواءمة بين مكان هرم خارج من الحرب وشخصيات هرمة ستخرج قريبًا من الحياة؛ **فياسمين** تلازم زوجها الثمانيني المريض، النحيل ذي الذراعين النحيلتين العاجزتين عن الحركة، وتحرص على إسعاده فيما تبقّى له من عمر، وتنتظر الموت الذي يأتي بالفعل ليأخذه، ويتركها لزيارة لاحقة. و**ميلاني** الجارة الأرمنية العجوز تتكبّد العناية بزوجها المريض والمقعد، بمساعدة هوفيك ابن أخيها، حتى إذا ما سافر الأخير تقرّر الانتقال مع زوجها إلى برج حمود. والحلاق **موريس** يموت بسكتة قلبية بعد أن باع بيته مكرهًا لشركة محاسبة كبيرة. و**مارتينوس** المقيم في البناية المجاورة، المقامر الذي يتغيب عن بيته، ويهمل أسرته وينخرط في أعمال غير مشروعة، يتم القبض عليه ويُقتل برصاص نادل مزيّف في مقهى صغير، في مدينة ساحلية، خلال محاولة الضابط إقناعه بالتعاون لكشف مهرّبي الآثار. و**عساف**، صديق نعمان القديم، الذي كان يعمل في جمعية لمكافحة العنف ينفصل عنها بعد انحرافها عن مبادئها، يُصاب بسرطان الكبد. و**رنا**، زوجة نعمان، التي تلازمه في حلّه وترحاله، وتتحمّل معه مشاقّ الحياة، توطّن النفس على الابتعاد عنه والعودة مع ابنها إلى مدينة أهلها، حين تلمس ما طرأ عليه من تحوّلات سلبية، غير أن خطفها مع ابنها من قبل عبدالله، وقيام نعمان بالمساهمة في الإيقاع بعبدالله وإنقاذهما من الخطف، يدفعانها إلى إعادة النظر في قرارها. و**ماجد**، الطالب في معهد التمريض، يُخطف في بداية الثمانينيات، ويتم العثور عليه في مستشفى الأمراض العقلية مصابًا بانفصام الشخصية. وأبوه **مهيب** الخالدي، خبير الآثار، يعرض ما لديه من خرائط وخبرة مقابل معلومات عن ابنه...

وهكذا، يترك المكان الذي كان مسرحًا للحرب تداعياته على شخصيات الرواية الهامشية أو المحورية، فتعرف تحوّلات خارجية أو داخلية، وتؤول إلى نهايات قاتمة، تتراوح بين المرض والانفصام والموت والهجرة والاعتقال...

الشخصية المحورية الثانية في الرواية إلى نعمان هي **عبدالله** الحفّار، وهي، خلافًا لنعمان، تحضر بشكل غير مباشر، من خلال الراوي المشارك نعمان والراوي العليم، ولا

يمنحها الكاتب حقّ الروي، ولعلّه يفعل ذلك عقابًا لها على سلبيّتها، فعبد الله المكلّف بالإشراف على الحفر في منطقة المرفأ، من قبل شركة «التنين»، عضو في شبكة لتهريب الآثار، يقوم بإخفاء التماثيل الأثرية التي يعثر عليها خلال الحفر تمهيدًا لتهريبها إلى خارج البلاد، وهو، في سبيل تحقيق أهدافه في الثروة، لا يتورّع عن ارتكاب شتّى الموبقات، من: قتل، وخطف، وابتزاز، ورشوة، ودعارة، واختراع جمعيات خيرية وهمية تُباع باسمها الآثار بالمزاد العلني...، ويتّخذ له مساعدين. وعليه، ينجح بواسطة زوجته في الإيقاع بنعمان وتوريطه في أعماله غير المشروعة مستغلاً حاجته إلى المال، فيجد الأخير نفسه منخرطًا في تهريب الآثار، مجاريًا إيّاه في سلبيّته، غير أنّ نعمان ما يلبث أن يستفيق من سلبيّته، حين يتمكّن، أوّلاً، من الحصول على معلومات عن ماجد ويعيده إلى والده، وحين يتعاون، ثانيًا، مع القوى الأمنية للإيقاع بعبدالله، فيتم القبض عليه بالجرم المشهود، ويُحال إلى المحاكمة.

من خلال هذه الشخصيات والوقائع، يطرح أبو زيد مجموعة موضوعات نشأت عن الحرب أو في ظلّها، بصرف النظر عن الحيّز المخصّص لكلّ موضوعة في الرواية. فيقول: تجارة الآثار وتهريبها، مصير المخطوفين والمفقودين، استيلاء بعض الشركات على أملاك الناس، تخلّي بعض الأحزاب عن منطلقاتها، استشراء الفساد، إلى ما هنالك من سلبيات تمخّضت عنها الحرب. وهنا، لا بدّ من الإشارة إلى أن الكاتب يمارس نوعًا من التقيّة الروائيّة، فلا يسمّي الأشياء بأسمائها، ولعلّه يفعل ذلك تجنّبًا للمتاعب أو ثقةً منه بقدرة القارئ على إحالة الأسماء إلى مراجعها الواقعية، فهو لا يحتاج إلى كبير عناء ليعرف المقصود بشركة «التنين»، وشركة المحاسبة الكبرى، والجمعية التي انحرفت عن أهدافها. وفي رأيي لو أنّه سمّى لأضفى على روايته قدرًا أكبر من الإيهام بالواقعيّة. غير أن انتهاء الرواية بالقبض على الحفّار، مهرّب الآثار، وتحرير أسرة نعمان المخطوفة، يشكّل رسالة إيجابية تقدّمها الرواية للمستقبل، تتمثّل في حتمية قيام دولة القانون ومحاسبة الخارجين على أحكامه، وانتصار «المدينة» كمفهوم حياة ونمط عيش على «الحفّار» الذي يغلّب طمعه وأنانيّته على المصلحة العامة.

في الخطاب، يضع أبو زيد روايته في خمسة فصول وستٍّ وأربعين وحدة سردية، ويتناقص عدد الوحدات من فصل إلى آخر، بدءًا من الأول، مرورًا بالثاني والثالث والرابع، وصولاً إلى الخامس. وتتّخذ الأحداث في الفصول الأولى مسارًا أفقيًا، تراكميًا، تجميعيًا.

ولا تبدأ بالنمو والتصاعد والحبك إلا في الفصول الأخيرة حين ينخرط نعمان مع عبدالله في أعماله غير المشروعة. وتتعدّد الخيوط السردية في الرواية، وتتفاوت في الطول بين خيط وآخر، فبينما يقتصر بعض الخيوط على وحدة سردية واحدة ضمن الفصل يمتدّ بعضها الآخر على إحدى وثلاثين وحدة وعدة فصول. وهنا، نشير إلى أن بعض الخيوط القصيرة لم يضف شيئًا ذا بال إلى النص، ويمكن الاستغناء عنه دون أي انتقاص منه.

تتعدد أنماط الكلام في الوحدات السردية المختلفة، فيطغى النمط السردي على ما عداه في حوالي ثلث الوحدات، ويلتقي النمطان السردي والحواري في الثلثين الآخرين، ويطلّ النمط الوصفي برأسه لا سيّما في النوع الأوّل. ويتخلّل التعدّد النمطي تعدّدٌ في مستويات اللغة، فيستخدم الكاتب المستوى الفصيح المباشر في السرد والوصف، والمستوى المحكي في الحوار. يوهم المستوى الأول بواقعية الرواية من خلال تسمية الأماكن الروائية بأسمائها الحقيقية وتحديد زمن الأحداث التاريخي، ويوهم المستوى الثاني بها من خلال استخدام لغة الناس المحكية. وثمّة نوع آخر من التعدد يتعلق بطبيعة المادة المسرودة، فنجد الكاتب يتنقّل بين الوقائع والذكريات في الصفحة الواحدة والفقرة الواحدة، في بعض الوحدات السردية. هذه التعدّدية في الأنماط واللغة والمادة المسرودة تصنع حركيّة النص، وتجنّبه السقوط في الرتابة السردية.

«الحفّار والمدينة» تصفّي بعض نتائج الحرب الأهلية اللبنانية وانعكاساتها على الإنسان والمكان، وتبشّر بحتميّة انتصار المدينة والقانون على جميع حفّاري القبور، ولو بعد حين.

باسم خندقجي
يربح الرواية ولا يخسر التاريخ

حين يتّخذ الروائي من شخصيّة تاريخية مادّة لروايته يكون عليه أن يواجه خيارات ثلاثة؛ الأوّل، أن يُحوّل الشخصيّة التاريخية إلى شخصيّة روائية ضاربًا عُرْض الحائط بتاريخيّتها، فَيُحسن إلى الرواية ويُسيء إلى التاريخ. الثاني، أن يتقيّد بتاريخيّتها على حساب الفنّ الروائي، فَيُحسن إلى التاريخ ويُسيء إلى الرواية. والثالث، أن يُوازن بين هذين الحقلين المعرفيّين، فَيُحافظ على تاريخية الشخصيّة في خطوطها العريضة، ويتصرّف روائيًّا في التفاصيل. وبذلك، تربح الرواية ولا يخسر التاريخ.

راودتني هذه الأفكار وأنا أقرأ رواية «**خسوف بدر الدين**» للروائي الفلسطيني الأسير باسم خندقجي (دار الآداب)، ووجدتني أتساءل: أيًّا من الخيارات الثلاثة اعتمد في روايته؟ على أنه قبل التوغّل في أدغال الرواية، والإجابة عن السؤال المطروح، لا بدّ من الإشارة إلى أن الكاتب معتقلٌ في سجون الاحتلال الإسرائيلي منذ العام 2004، ومحكومٌ بثلاثة مؤبّدات، والرواية هي الثالثة المنشورة له بعد «مسك الكفاية» و«نرجس العزلة».

في العنوان، نشير إلى وجود تَصادٍ بين المصطلح الجغرافي والاستعمال الروائي؛ فخسوف القمر، في الجغرافيا، هو «ظاهرة فلكية تحدث عندما يحجب ظلُّ الأرض ضوء الشمس المنعكس من القمر في الأوضاع العادية»، ما يؤدّي إلى دخوله في الظلمة. وخسوف بدر الدين، في الرواية، يتحقّق بإعدام الشخصيّة الروائية، ما يؤدّي إلى دخولها في الموت. وفي الحالتين، ثمّة غيابٌ للنور، نور الشمس في الحالة الأولى، ونور الحياة في الحالة الثانية.

في المتن، يُشكّل الصوفي بدر الدين محمود شخصيّة محوريّة في الرواية، يمتدّ السلك الذي ينتظمها من الصفحة الأولى حتى الصفحة الأخيرة فيها، وإن اختفى في عدد من الصفحات. فالمتن هو رواية هذه الشخصيّة التاريخية أو تاريخها الروائي. وتدور الأحداث،

بين أواخر القرن الرابع عشر وبدايات القرن الخامس عشر، على المستوى الزماني. وتتحرّك بين سيماونة والقاهرة وتبريز وبروسّة وأدرنة وأزنيك وسيماونة، على المستوى المكاني.

في كلٍّ من هذه الأمكنة، يتبلور بعدٌ أو أكثر من أبعاد هذه الشخصية الإشكالية المركّبة؛ فبدر الدين، في سيماونة من أعماق الأناضول، هو المولود لأبٍ تركي هو قاضي المدينة وأمٍّ سبيّة إغريقية. وهو، في القاهرة، تلميذٌ وأستاذٌ وعاشقٌ ومعلّم ولي العهد ومجادل العلماء. وهو، في تبريز، طبيب وصاحب زاوية وصديق الحاكم ومنقذ الأمراء الأتراك من أسر تيمورلنك. وهو، في بروسّة، ضيف الذين أنقذهم من الأسر. وهو، في أدرنة، قاضي العسكر والسياسي. وهو، في أزنيك، الموضوع في الإقامة الجبرية. وهو، في سيماونة، صاحب المذهب والقائد المتمرّد. وهو، في أدرنة، مرّة أخرى، البدر المخسوف المعلّق على منصّة الإعدام. وفي هذه الأمكنة جميعها هو المتصوف العارف، المصغي لصوته الهاتف، المتّبع نوره الداخلي، المؤمن بالمساواة بين الناس، الناقم على السلطة، الساعي إلى التغيير بقلبه ولسانه ويده.

في الحكاية، يأتي بدر الدين إلى القاهرة المملوكية طلبًا للعلم، وتنفيذًا لوصية والده الذي يريد إبعاده عن الحروب وميادينها، وهناك يبلي البلاء الحسن طالبًا وأستاذًا، ويحظى بثقة أستاذه أكمل الدين الذي ينتدبه لتعليم الأمير فرج، ابن السلطان برقوق، فَيُعاني معه الأمرّين لا سيّما في اللغة العربية، وهو المولود لأبٍ شركسي وأمٍّ جارية إغريقية. ويتعرّض لاختبارٍ خطير حين تراوده أمّ الصبي الأمير عن نفسها، وينجو منها بفضل صوتٍ داخلي يهيب به عدم الوقوع في الخطيئة. وهناك يرتبط بعلاقة صداقة مع مواطنَيْه طورة كمال القادم من قونية والمتحوّل عن اليهودية إلى الإسلام، ومصطفى نور الدين القادم من إزمير المتحوّل عن طلب العلم إلى التدريب العسكري. «كانوا ثلاثة أصدقاء: عالمًا، وصديقًا، ومحاربًا» (ص 35)، وتستمر صداقتهم حتى النهاية.

وهناك، ينخرط بدر في علاقة عشقٍ مع الجارية مكنونة التي سحره صوتها حين سمعها تغنّي في مجلس السلطان، وسحرها النور المنبعث من جبينه ووجهه. وإذ يُصدّران عن منظورَيْن مختلفَيْن للحب، طهراني وشهواني، يفترقان. غير أنّ إقدام السلطان على خنق مكنونة محمّلاً إياها مسؤولية التسبّب في خنقه أقرب الأمراء إليه يُشكّل نقطة تحوّل في مسار الشخصية؛ فينزلق بدر، المثالي في الصداقة والحب ومعاملة النفس والنهود إلى القيم،

إلى درك الواقعية وقاعها، وينغمس في ممارسة الخطيئة حتى إذا ما لمح الطيف النوراني، خلال مجامعة إحدى الغانيات، في أحد أزقّة شمالي القاهرة، يثوب إلى رشده مجدّدًا، يصعد إلى قمّة جبل المقطّم بعد صلاة العشاء، ويستغرق في رقصة صوفية عارية يتحلّل بها من خطاياه السابقة.

وإذ ينتقل بدر إلى تبريز، ينال الحظوة لدى أميرها بعد أن نجح في شفاء ابنه الوحيد المشارف الموت، فَيُخصّص له زاوية، ويكون له مريدون وأتباع. وحين يقوم تيمورلنك بأسر السلطان التركي بايازيد وأمرائه بعد إنزال الهزيمة به، يستخدم بدر حظوته لدى الأمير لإطلاق سراحهم، حتى إذا ما عاد إلى الأناضول يحسن هؤلاء استقباله، ويقلّده الأمير محمد بن بايازيد مهمّة قاضي العسكر. غير أنّ بدر الذي طالما أنِفَ السلطة والتسلّط، يجد نفسه منساقًا إلى الغرق في وحولها، في محاولة منه لتطبيق أفكاره المثالية، فيصطدم بالواقع السلطوي المتردّي، وتكون نهايته مع صديقَيْه المخلصَيْن طوره ومصطفى والآلاف الذين آمنوا بدعوته. وبذلك، تنطوي الحكاية على رسالة سلبية إلى كلّ الحالمين المثاليين بالعدل والحرية. ولعلّ ما نشهده، في هذه اللحظة التاريخية، من إجهاض الثورات وإفراغها من مضمونها والتنكيل بالقائمين بها، يشي بأنّ مجريات الأحداث في القرن الحادي والعشرين لم تتغيّر كثيرًا عنها في القرن الخامس عشر.

في الخطاب، يُسند خندقجي مهمّة الروي إلى راوٍ عليم، يتماهى مع وظيفة المؤرّخ، ويناسب الرواية التاريخية. غير أنّ الروي لا يقتصر على ضمير الغائب بل يجري في بعض الوحدات السردية بضمير المخاطب، فيتماهى الراوي مع الشخصية، ويتحوّل النص، في هذه الحالة، إلى نوع من المونولوج والمحاكمة الداخلية. والمادّة المرويّة تتوزّع على ثلاثة أقسام وإحدى عشرة وحدة سردية طويلة بعدد خمس وحدات للقسم الأوّل، وثلاث وحدات لكلٍّ من القسمين الثاني والثالث. والعلاقة بينها خطّية، تمضي فيها الأحداث قُدُمًا، وقد تعود إلى الوراء لبضع صفحات، كما نرى في الوحدتين الرابعة والتاسعة، على سبيل المثال، وهي عودة تختلف عن تقنية الاسترجاع التي يقوم بها الراوي المشارك عادةً، بينما هي ليست من وظائف الراوي العليم باعتباره ليس شخصية روائية. وللسبب نفسه، لا نقع في الرواية على التقنيات السردية التي تستخدمها الرواية الحديثة ممّا لا يتناسب مع طبيعة الرواية التاريخية.

يصوغ خندقجي روايته بلغة روائية رشيقة لا تنأى عن الانزلاق إلى درك الإنشاء في مواضع متفرّقة، ويغني نصّه بمقتبسات شعرية ونثرية من المتصوّفة في العصور المختلفة الأمر الذي ينسجم مع الشخصية المحورية في الرواية، ويعكس ثقافة الكاتب الصوفية المضافة إلى تلك التاريخية. وفي هذا السياق، كثيرًا ما يُحدّد تاريخ حصول بعض الوقائع بالاسم والشهر والسنة، فيجرّد الواقعة من روائيّتها، ويمنحها بعدًا تاريخيًّا. وهذا، برأيي، لا يصبّ في مصلحة الرواية.

في النهاية، يُذيِّل الكاتب روايته بتعقيب تاريخي يرد فيه ذكر بدر الدين، يستقيه من مصدرَيْن تاريخيَّيْن اثنَيْن، ونستشف منه أن ثمّة تقاطعًا بين الشخصيتين التاريخية والروائية في الخطوط العريضة. وبذلك، نستنتج أن خندقجي يعتمد الخيار الثالث من الخيارات الثلاثة المشار إليها أعلاه، في مقاربة الرواية التاريخية، فَيُوازن بين التاريخ والرواية، يتّخذ من الأوّل الخطوط العريضة، ويترك للثانية التفاصيل. وبذلك، يربح الرواية ولا يخسر التاريخ.

جمال ناجي
بين وجع الحكاية وجمال الخطاب

«موسم الحوريات» هي الرواية الثامنة والأخيرة للروائي الأردني الراحل جمال ناجي (دار جامعة حمد بن خليفة للنشر)، وفيها يتناول التداعيات التي أعقبت «الربيع العربي»، وانحرفت به عن مساره، وحوّلته إلى شتاء عاصف في غير منطقة عربية. وهو يغطي لحظة تاريخية انطلقت مع قيام التونسي محمد البوعزيزي بإحراق نفسه في 17 كانون الأول من العام 2010 وما تزال مستمرة لتمتدّ على حوالي عَقْدٍ من الزمان. ويتحرَّك في فضاء روائي يتناسب مع طول اللحظة الروائية، ويتراوح بين الأردن وفرنسا والهند وأفغانستان وسوريا.

خلافًا للنمطية السائدة في الرواية الكلاسيكية التي تتأخر فيها التحوّلات إلى الوحدات السردية المتأخرة، يبدأ جمال ناجي التحوّل الرئيسي للأحداث منذ الوحدة السردية الأولى، فتشكّل النبوءة التي أطلقتها عروب العرافة لفواز باشا وزوجته في عيد ميلاده منطلقًا فعليًّا للحوادث الروائية ونقطة تحوّل جذرية في مسارها تقلب الأمور رأسًا على عقب، فحياة الباشا وأسرته والمقرّبين منه بعد النبوءة لم تعد كما كانت قبلها. ذلك أن ساري، مدير العلاقات العامة، أراد أن يقدم لرب عمله مفاجأة جميلة في عيد ميلاده، فدعا، بإيحاء من الباشا الكبير نايف شحادة حميِّ فواز، عروب، العرافة المغربية، لتقرأ له طالعه، وهو الشغوف بمعرفة المستقبل. غير أن حساب بيدر ساري لا يطابق حساب حقله، فتتنبّأ العرافة لفواز بزيادة ثروته وشعبيته وأصدقائه لكنها ما تلبث أن تخلط الدّسم بالسم، فتسرّ إليه أنّ ابنًا من صلبه سيقتله وتكون منيّته على يده، وتسرّ إلى سماح شحادة، زوجة الباشا، أن سرًّا ستعرفه، ويكون له أثر عميق على حياتها. وبذلك، تلقي صخرة في مياه راكدة.

يبحث فواز باشا في دفاتره القديمة، فيتذكّر أنه قبل ثلاثين عامًا اصطحب موظفة جميلة لديه اسمها منتهى الراية إلى باريس، واستدرجها لتقيم علاقة معه في الفندق الذي نزلا فيه، حتى إذا ما عادا إلى الأردن تخلّى عنها وقلب لها ظهر المجن. يكلّف مساعده

ساري بالبحث عنها والتقصّي عن وجود ابنٍ لها، ويكلّفه إجراء ترتيبات السفر إلى الهند للقاء هارشا الحكيم، مرجع العرافة، فيقوم بتكليف أحد أقربائه البحث عن المرأة المطلوبة حتى إذا ما عثر عليها يلتقي بها، ويتبادلان التهديدات المبطنة، ويعرف أن ثمة ابنًا لها اسمه الوليد يقاتل في أفغانستان، فيكلّف مقاتلاً سابقًا عائدًا من أفغانستان العودة إليها والبحث عن الوليد الذي اتخذ له اسمًا حركيًّا هو شرحبيل والتخلص منه نزولاً عند رغبة الباشا، ثم يكلّف ياسين السوري القضاء على ضرار لإخفاء معالم الجريمة. غير أن ضاري الذي يتمكّن من الوصول إلى الوليد/ شرحبيل تتجاذبه مشاعر متباينة بين تنفيذ ما كلّف به وبين التراجع عنه. وإذ ترجح كفة التراجع، يقوم بإرسال صور ملفّقة عن مقتل الوليد إلى ساري ليشعره بأنّه نفّذ المهمة، فيصدقّه الأخير، ويوعز إلى ياسين التخلّص منه، فيطلق عليه النار ويصيبه. وحين يكتشف ضرار الأمر، يعود إلى الوطن ويقوم بتفجير عبوة ناسفة في سيارة ساري ما يؤدّي إلى بتر رجله وإصابة فواز باشا الذي كان برفقته بجروح بالغة.

خلال حصول هذه الوقائع، كان منسوب القلق يرتفع في حياة الباشا ومساعده، صدّقا أنّ نبوءة العرافة هي قدر لا يمكن تغييره، وتأكّد قلقهما لدى عودتهما من لقاء الحكيم الهندي الذي أكّد استحالة تغيير القدر، وأصبحا يُفسّران ما يقع من أحداث في ضوء النبوءة. تغيّرت حياة الباشا بعد لقاء العرّافة والعودة من الهند، وجاءت الأخبار التي جمعها مساعده عن منتهى الراية وابنها الوليد لترفع منسوب القلق لديهما. الباشا أصبح يلازم البيت في ظلّ حراسة مشدّدة، يميل إلى الوحدة، يكثر من الشرود، يخشى من المستقبل، يأرق في الليل. وساري تغيّر بدوره، فنقص وزنه، وزاد قلقه وخوفه. وبات كلٌّ منهما مريض الوهم الذي عاشه، حتى إذا ما تم تفجيرهما يصدقان أن النبوءة قدر لا يرد. غير أن نهاية الرواية تتكشّف عن أن واقعة العرافة هي مكيدة دبرها الباشا الكبير نايف شحادة لصهره مستغلاً ما يعرفه عنه من معلومات كان يزوده بها «القنفذ»، مدير شركة فواز باشا، الذي كان يعمل لصالحه. ولعلّه فعل ذلك عقابًا لصهره على خيانة ابنته، وانتقامًا لمنتهى الراية من غير قصد. ومن ثم، تكون النبوءة مفتعلة، والقدر وهمًا. ويكون على المصدّقين أن يدفعوا الثمن.

هذه الأحداث تجري في فضاء روائي يسيطر فيه الإرهاب على مقاليد الأمور بذرائع دينية. وقد أحسن الكاتب في المعادلة بين الوليد/ والإرهاب، من جهة، وبين الباشا والاستبداد، من جهة ثانية. فإذا كان الوليد هو الابن غير الشرعي لفواز باشا، فإن الإرهاب هو الابن غير

الشرعي للاستبداد. ولعلّ مقتل الأوّل في المعركة يرهص بما ينتظر الثاني من مصير حتمي، الأمر الذي تتمخّض عنه الأحداث في اللحظة التاريخية الراهنة.

بالعودة إلى شخصيات الرواية، يمكن الإشارة إلى أن بعضها يندرج في إطار الضحايا، وبعضها الآخر في إطار الجلادين، وقد يجتمع الإطاران في الشخصية الواحدة، فالجلاد في موقع هو ضحية في آخر، والضحية في سياق هي جلاد في سياق آخر. وبالانتقال إلى التمثيل، نشير إلى أن: فواز هو ضحية الباشا الكبير والعرافة والوهم والإرهاب، ومن ضحاياه هم منتهى الراية وزوجته سماح شحادة والابن غير الشرعي وآخرين. ساري هو ضحية الباشا الكبير والوهم والإرهاب، ومن ضحاياه ياسين وضاري ومنتهى. منتهى ضحية فواز، ومن ضحاياها زوجها نائل وابنها الوليد. الوليد ضحية الأفكار المتشدّدة والأب غير المعترف به والأم التي أخفت عنه الحقيقة، ومن ضحاياه ياسين السوري والقتلى الكثيرون. ضرار ضحية الفقر وساري، ومن ضحاياه ساري وفواز. أما سماح فهي ضحية الزوج التي لا ضحايا لها في الرواية. هذا الاختلاط هو أمر يناسب العالم المرجعي الذي تحيل إليه الرواية ويتموضع الناس فيه بين حجري رحى الاستبداد والإرهاب.

في الخطاب الروائي، تقع الرواية في إحدى وثمانين وحدة روائية، يتراوح طول الواحدة منا بين صفحة واحدة، في الحد الأدنى، كما في الوحدة الثامنة والأربعين (ص 172)، وعشر صفحات، في الحد الأقصى، كما في الوحدة الثامنة والسبعين (ص 263). وتتوزّع بنسب مختلفة على خمسة رواة مشاركين يروون بصيغة المتكلم، وتتراوح هذه النسب بين 13.85٪، في الحد الأدنى، لأبي حذيفة، و27.16٪، في الحد الأقصى، لساري أبو أمينة. وبذلك، تتناسب النسبة طردًا مع حضور الشخصية وفاعليتها في مجرى الأحداث، فبينما يسهم ساري في تحريكها وصنعها، يكتفي أبو حذيفة بدور الشهادة عليها. وهذه التقنية سبق أن استخدمها الروائي في روايته السّادسة «عندما تشيخ الذئاب».

في الشكل، تبدو العلاقة بين الوحدات الروائية تحاورية، فكأننا إزاء مسرح روائي يلعب فيه الرواة المشاركون أدوار الممثلين، فيقف كل منهم على خشبة المسرح، في الترتيب الذي شاءه الروائي، ليدلي بدور معين، يتراوح طوله بين صفحة واحدة وعشر صفحات في الوقفة الواحدة. وفي المضمون، تتراوح العلاقة بين التعاقب والتزامن والتقاطع والتكامل... أمّا العلاقات داخل الوحدة الواحدة فهي، في الغالب، حوارية بين شخصيتين اثنتين أو أكثر،

بحيث يطغى الحوار على السرد، وهذا ما يمنح النص قابلية كبيرة على تحويله إلى نص تمثيلي.

وهكذا، يكون لكل راوٍ مساحته في «بازل» الرواية، ونكون إزاء مسارات سردية متعدّدة ومصائر مختلفة، ويكون لكل شخصية حكايتها ودورها في الحكاية العامة التي هي حصيلة ما يرويه الرواة، وتقوله وتفعله الشخصيات المختلفة. وهنا، ومرّةً أخرى يثبت جمال ناجي براعته في الإمساك بخيوط السرد والتصرف بها، في إطار جدلية الظهور والاختفاء، ليصنع جديلة روائية جميلة ومتينة في آن، ويؤمّن لنصّه الحيوية والتشويق والتنوّع. وتأتي اللغة الرشيقة، بعباراتها القصيرة والمتوسطة، لتحتضن هذا الصنعة، وتشي بتلك البراعة.

«موسم الحوريات» خطاب روائي جميل لحكاية موجعة. وهما معًا يشكّلان الرواية التي تستحقّ القراءة بامتياز.

راغدة المصري
بين ممارسات الاحتلال وآليات المقاومة

منذْ أرسلَ آرثر جيمس بلفور، وزيرُ الخارجيةِ البريطانيةِ، رسالتَهُ الشهيرةَ إلى ليونيل روتشيلد، أحدِ زعماءِ الحركةِ الصهيونية، بتاريخ 2/ 11/ 1917، واعدًا إيّاهُ فيها بدعمِ بريطانيا إقامةَ وطنٍ قوميٍّ لليهودِ في فلسطين، وما ترتّبَ عليها من مضاعفات خطيرة، لعلّ أبرزها قيام الكيان الغاصب في العام 1948، راحت المسألة الفلسطينية تتبلور واقعًا تاريخيًّا متماديًا طبع الحياة العربية في القرن العشرين، وما يزال، بتأثيره المباشر، في مختلف مناحيها، ومنها الأدب. وشكّلت محورًا لحركة أدبية ناشطة، وعالَمًا مرجعيًّا لكثيرٍ من الأعمال الأدبية التي تمتح منها وتحيل إليها، وتمخّضت تلك الحركة وذلك العالم عن أسماء كبيرة في الشعر والنثر، ولم تقتصر تلك الأسماء على الفلسطينيين أنفسهم بل تعدّتهم إلى العرب الآخرين، ذلك أن الهمّ الفلسطيني هو همٌّ عربيٌّ وإنسانيٌّ بامتياز.

في «رحلة القهر» (أثر للنشر والتوزيع)، تطرح الدكتورة راغدة المصري حكاية المرأة الفلسطينية المقاومة، من خلال «قاهرة» وأخواتها من السجينات الفلسطينيات، وهي حكاية حافلة بالممارسات القمعية الإسرائيلية، من جهة، وآليّات الدفاع الفلسطينية المختلفة، من جهة ثانية. وإذا كانت الكاتبة تستلهم روايتها من التاريخ الفلسطيني المعاصر، فإنّه من نافل القول أنّ هذا التاريخ حافلٌ بأسماء المقاومات الفلسطينيات، وحسبنا الإشارة إلى الفدائية زكية شموط، والشهيدة دلال المغربي، والمناضلة ليلى خالد، على سبيل المثال لا الحصر. وبذلك، تنطلق الرواية من عالم مرجعي تاريخي واقعي.

تأتي راغدة المصري إلى الرواية من التاريخ، وهذان الحقلان المعرفيان يشتركان في المادّة الأوّلية، ويفترقان في طريقة تصنيعها. كلاهما يتّخذ من الأحداث مادّة له غير أنّ التاريخ علمٌ يرويها وفق منهجية البحث العلمي، ويضع الأمور في سياقها التاريخي، بينما الرواية فنٌّ سرديٌّ ينطلق من الأحداث، ويضيف إليها أو يحذف منها أو يعدّل فيها، ويرويها

وفق تقنيات السرد ومقتضيات الفن الروائي، أي أنّنا إزاء حقلين معرفيين مختلفين لكنّهما يُفيد أحدهما من الآخر. على أن المصري الروائية أحسنت الإفادة من المؤرّخة فيها حين رسمت الخلفيات التاريخية لبعض الأحداث الروائية، فذكرت مجموعة من الوقائع التاريخية التي تزامنت مع وقائع روائية معينة، من ثورة القسّام عام 1935، إلى النكبة عام 1948، إلى شرارة الانتفاضة الأولى في 9/ 12/ 1978، إلى اجتياح مخيّم جنين في 29/ 3/ 2002، إلى أسر الجندي الإسرائيلي جلعاد شاليط في 25/ 6/ 2006، ما يوحي بواقعية النص وتاريخيته. غير أنّها لم تحسن الإفادة من التاريخ حين جعلت الوحدة السردية الأولى في الرواية، على قِصَرِها، مدخلًا تاريخيًّا إلى الرواية كان بوسعها الاستغناء عنه. ومع هذا، فقد أفادها المؤرّخ فيها الروائيّة أكثر ممّا أضرَّ بها.

«رحلة القهر» عنوان شعري لمتنٍ سردي؛ في العنوان، تُشكّل إضافة كلمة «رحلة» التي تنطوي على فرح السفر ومتعة الاكتشاف إلى كلمة «القهر» التي تنطوي على إحساس بالغلبة تجاورًا بين معجمين متضادين، وتقدح شرر الشعرية الناجمة عن هذا التضاد. أمّا في المتن فيقول السرد حكاية المعتقلات الفلسطينيات في سجون الاحتلال الإسرائيلي، وما يتعرّضن له من فنون التعذيب، وما يبدينه من آليّات المقاومة، من خلال «قاهرة» وأخواتها المناضلات. وبذلك، يتصادى العنوان الشعري مع المتن السردي، ويتجادلان، لتحقيق روائية الرواية.

في الحكاية، تشكّل واقعة اقتحام المحتلين الإسرائيليين بيت «قاهرة» الزوجي في رام الله، وقيامهم بإطلاق النار على بعض المناضلين الذين لجأوا إليه، على مرأى من أطفالها، واعتقال أخيها محمد وزوجها ناصر، نقطة تحوّل أولى في حياة الشخصية، وهي التي شهدت طفلةً اقتحام بيتها الوالدي في مدينة جنين واعتقال إخوتها وأقاربها، فتقرّر، وقد بلغ السيل الزبى، الانخراط في أعمال المقاومة مغلّبةً واجبها الوطني على واجبها الأسري، وهي الأمّ لثلاثة أطفال، وتعبّر عن قرارها بالقول: «**إنّ الساكت عن الحقّ شيطان أخرس. لن أكتفي بمشاهدة الأحداث، لن أبقى مستسلمة... لن أدعهم يهدّدونني في كلّ مرة... يسرقون الأمان من عيون أطفالي... سأنتقم من هؤلاء الأعداء... سأبدأ الآن...**» (ص 40). وتقوم بترجمة هذا القرار من خلال: نقل الأسلحة، صناعة الأحزمة الناسفة، مراقبة الطريق، وإيصال استشهادي إلى الداخل الفلسطيني، ما يجعل قوّات الاحتلال تداهم منزلها، تعيث فيه خرابًا، تُرعب أطفالها، وتعتقلها...

هذه الواقعة تشكّل نقطة تحوّل ثانية في حياة الشخصية، فتبدأ جلجلة الاعتقال، وتُحكم بثلاث مؤبّدات، ويكون عليها أن تنتقل بين معتقل المسكوبية ومعتقل تلموند وسجن الرملة، في رحلة قهرٍ طويلة تتعرّض فيها لأبشع أنواع التعذيب، وتبدي فيها أرقى آليات المقاومة.

تتمظهر أنواع التعذيب في: التعذيب الجسدي والنفسي، التهديد بالاغتصاب، العزل، منع الزيارات، التمييز العنصري، التجويع، الطعام الفاسد، قطع المياه، منع العلاج، وسواها من الأنواع التي تتفتّق عنها المخيّلة الإسرائيلية المريضة.

تتمظهر آليات المقاومة في: الإيمان بالله، الاستعانة بالتاريخ، التحصّن بالذاكرة، الإضراب عن الطعام، الحلم بالحرية، الغناء، بثّ روح الصمود في السجينات الأخريات، الاعتصام لتحسين ظروف الاعتقال، الاحتفال بشهر رمضان، الاحتفاء بالمناسبات السعيدة، شرح قضية السجينات للرأي العام العربي والعالمي، وسواها من الآليات التي تجترحها الإرادة الفلسطينية المقاومة. وهكذا، نكون أمام شخصية قيادية صلبة، تؤمن بحقّ شعبها في الحياة، وتبذل دون ذلك الغالي والنفيس.

النقطة الثالثة التي تُحدث تحوّلاً داخليًا في نفس «قاهرة» تتمثّل في قيام زوجها «ناصر»، ذات زيارة، بإبلاغها رغبته في الزواج من أخرى، بذريعة رعاية الأولاد، فينزل الخبر عليها كصاعقة، غير أنّها ما تلبث أن تتحرّر من تلك الصدمة، وتبلغه موافقتها على الأمر.

وإذا كانت نقاط التحوّل الثلاث الآنفة ذات طابع روائي محض، فإنّ النقطة الرابعة والأخيرة، المتمثّلة بالصفقة التي أبرمتها المقاومة الفلسطينية مع السلطة المحتلة، لتحرير الأسرى الفلسطينيين مقابل الإفراج عن الجندي الإسرائيلي جلعاد شاليط، هي ذات طابع تاريخي، وتتمخّض عن تحرير «قاهرة» معهم، وبذلك، ينقلب القهر على القاهر، فتقهر «قاهرة» السجّان وأحكامه المؤبّدة، وتولد من جديد: **«أنا ولدت من جديد، كنت محكومة ثلاث مؤبدات. لا أصدق... سأتنشّق من جديد هواء الحرية... سأعود إلى أولادي»** (ص 136). وهنا، يُحسن التاريخ إلى الرواية، وتنصف المؤرّخة الروائية.

في الخطاب، نحن إزاء بنية سردية بسيطة، قوامها: خيطٌ سرديٌّ واحد ينتظم الأحداث، وعلاقة خطية تربط الوحدات السردية، وراوٍ عليم يقوم بعملية الروي، وتقشّف في استخدام تقنيات السرد، ما يدفع إلى الاستنتاج أنّ الحكاية تطغى على الخطاب، وأنّ الاهتمام الذي

أولته الكاتبة الأولى هو أكبر من ذاك الذي أولته الثاني، وأن ماهية القول تتقدّم على كيفيته في «رحلة القهر». هذه المقوّمات تتجسّد في لغة سردية بسيطة، تؤثر الجمل القصيرة والمتوسطة ما يمنح السرد طلاوته. وإذا كانت اللغة السردية تسمّي الأشياء والأمور بأسمائها، فإنّ الكاتبة حالفها التوفيق في إطلاق اسمي «قاهرة» و«ناصر» على الشخصيتين المعنيتين، فكانا اسمين على مسمّيين، ولعلّها استوحت الأوّل من مدينة القاهرة، والثاني من القائد جمال عبد الناصر لما يرمز إليه القائد والمدينة من قيمٍ نضالية تاريخية. إنّ تمحور الأحداث حول شخصية «قاهرة» يحيلنا إلى قصّة الشخصية، وهي نوعٌ أدبي بين الرواية والقصة القصيرة، ما يطرح مسألة النوع الأدبي الذي ينتمي إليه النص على بساط البحث، على أنّ ذلك لا ينتقص من قيمة النصّ أو يزيد فيها، فالعلاقة بين الأنواع الأدبية ما كانت ولن تكون علاقة تفاضلية، ولكلّ نوعٍ حيّزه الذي لا ينازعه فيه سواه.

وعودٌ على بدء، ثمّة رسالة مزدوجة تُطلقها راغدة المصري في «رحلة القهر»، وتتناقض، بالتأكيد، مع رسالة آرثر جيمس بلفور المشؤومة التي سبقت الإشارة إليها. وهي رسالة تقول، في شقّها الأول، قدرة المرأة الفلسطينية على التضحية والمقاومة جنبًا إلى جنب مع الرجل، وتقول، في الشقّ الثاني، أنّ الحرية قدر الأحرار مهما خيّم ظلام السجون، وأنّ القاهر سيُقهر، ولو بعد حين.

زينب حفني
تحفر في المسكوت عنه

منذ «ملامح»، روايتها الأولى، مرورًا بـ«وسادة لحبّك»، و«سيقان ملتوية»، و«هل أتاك حديثي؟»، و«عقل سيّئ السمعة»، وصولاً إلى «الشيطان يحبّ أحيانًا»، روايتها السادسة والأخيرة (نوفل)، ما تزال الروائية السعودية زينب حفني تبحث في العلاقات غير المتكافئة بين المرأة والرجل في مجتمع ذكوري، مزدوج المعايير، مختلّ الموازين، يحرّم على المرأة أبسط الحقوق، ويُحِلّ للرجل ارتكاب ما يشاء من الموبقات. ويتمظهر عدم التكافؤ في تمظهرات شتّى، تختلف من رواية إلى أخرى، فيتّخذ في الرواية الأخيرة شكل الخيانة الزوجية، وكيفية تعاطي كلٍّ من الطرفين معها، ونظرة المحيط الاجتماعي/الأُسَري إليها.

في روايتها، تتناول زينب حفني الخيانة الزوجية ومتعلّقاتها، من خلال حكاية أسرة صغيرة مؤلّفة من ثلاثة أفراد، تُفرد لكلٍّ منهم مسارًا سرديًّا خاصًّا به، فيتناوب في القسم الأول من الرواية مسارا الأب مالك والابن سراج، ويتعاقبان مناصفةً، على مدى ثلاثين وحدة سردية، تُسند الكاتبة عملية الروي فيها إلى راوٍ عليم، وتخصّ مسار الأم عواطف بالقسم الثاني منها، على مدى تسع عشرة وحدة سردية، وتمنحها سلطة الروي، فتعوّضها في الكتابة عمّا صادرته منها الحياة، وتترك لمسار الابن القسم الثالث والأخير في ست وحدات سردية تسند رويها إلى الراوي العليم. وبذلك، تجمع بين تقنيتي الراوي العليم والراوي المشارك، تنزع من الرجل سلطة الروي، وتمنحها للمرأة، فتحقق بالكتابة توازنًا مفقودًا في عالم الواقع. أمّا من حيث عدد الوحدات المخصّصة لكلّ مسار؛ فيأتي الابن أوّلاً بإحدى وعشرين وحدة، تليه الأم بتسع عشرة وحدة، فالأب بخمس عشرة وحدة سردية. على أن هذه المسارات تختلف في طولها ونقاط انطلاقها ومآلاتها، وتختلف في طبيعتها؛ فمسارا الأب والابن متكسّران زمنيًّا في القسم الأوّل، ومسار الأم خطّيٌّ في القسم الثاني، ومسار الابن خطيٌّ في القسم الثالث. ومع هذا الاختلاف، فإنّ المسارات

الثلاثة تتناوب وتتعاقب، في الشكل، وتتواشج وتتكامل وتتقاطع، في المضمون، لتشكّل الحكاية العامة في الرواية.

بالعودة إلى كلّ مسار على حدة، يبدأ مسار الأب نصّيًّا من لحظة حرجة، تقدّمه الرواية مشلول الجانب الأيسر بفعل جلطة دماغية، ممدّدًا على سريره وقد تعطّلت وظائف جسده الحيوية، يتلقّى العلاج من ممرّضة فلبينية. هذه اللحظة التي تمثّل الحاضر القاسي في حياة مالك تدفعه إلى استعادة ماضيه الحافل بالأخطاء والمغامرات والذكريات، على أنواعها، فيقيم الماضي الجميل توازنًا مع الحاضر القاسي، وتعوّض حركة الذاكرة الملحوظة عن شلل الجسد وعجزه. ويشكّل المرض نقطة تحوّل في مسار الشخصية ولحظة مواجهة مع الذات، فيُبدي مالك ندمًا على خطأ معين أو تقصير أو إهمال، ولات ساعة مندم. تتجاذبه مشاعر متناقضة بين: الأخوّة بحيث يعيد لأخيه وأخته حقّهما في الإرث، والأبوّة بحيث يترك كلّ شيء لابنه، فترجح كفة الثانية على الأولى.

في المستعاد من ماضي مالك، تطالعنا مجموعة من الوقائع الروائية التي تتمخّض عن شخصية مدلّلة، لامبالية، عابثة، متهتّكة، متعثّرة دراسيًّا، منخرطة في حياة اللهو والمجون، على شيء من الخبث والدهاء، لا تتورّع عن ارتكاب الموبقات دون أدنى تقدير للعواقب المترتّبة على ذلك، الغاية عندها تبرّر الوسيلة، تعاني ازدواجية معيّنة فتهمل الزوجة وتهتم بالابن، تتميز بالقوة والقسوة وتأتي بالزهور من الخارج تزرعها في الحديقة وتأنس إليها.

في الوقائع المنسوبة إلى مالك: زواجه مرّتين اثنتين، انخراطه في علاقات عابرة، خوضه مغامرات غرامية، ارتكابه خيانات متعدّدة، حرمان أخيه وأخته من حقهما في إرث الأب، تشجيع ابنه على خوض العلاقات العابرة، غدره بشريكه في العمل وتزوير حسابات الشركة للحصول على المال بعد فضّ الشراكة...، وهو لا يفقد اهتمامه بالتطلّع والطمع والجشع، ولا يزهد بالحياة إلاّ عندما يجد نفسه مشلولاً، طريح الفراش، لكنه لا يترجم ذلك عمليًّا، فيتردّد في إصلاح أحد أخطائه الكثيرة بإعادة حق أخويه إليهما.

جميع النساء اللواتي مررن في حياة مالك هن ضحاياه باستثناء واحدة عرفت كيف تستغلّه وتحوّله إلى ضحية بمعنى معيّن؛ فهو تخلّى عن زوجته الأولى هناء بعد بضعة أسابيع من الزواج، أهمل زوجته الثانية عواطف وأكثر من خيانتها في الداخل والخارج، أقام علاقات عابرة مع فتيات كثيرات وتخلّى عن كلٍّ منهن فور النيل منها، تسبّب في انتحار إحداهن بعد

تنكّره لحملها منه، تسبّب في مقتل سهى زوجة صديقه بدر الذي أقدم على قتلها والانتحار بعد أن ضبطهما معًا بالجرم المشهود... وحدها حياة، العاهرة المغربية، تتمكّن منه حين تأخذ منه شقّته الباريسية، وتقلب له ظهر المجن.

في المقابل، تقدّم الرواية عواطف، الزوجة والأم، شخصية خاضعة، مغلوبة على أمرها، في مجتمع ذكوري، يتسقّط هفوات المرأة ويغضّ عن خطايا الرجل، فلا تجد ما تواجه به خيانات زوجها سوى الصمت والغضب المكتوم إيمانًا منها بأنّ المواجهة لن تغيّر من طباعه. وهكذا، تتخذ موقفًا سلبيًا من مسألة تتعلّق بحياتها وكينونتها الأنثوية وحقّها الزوجي، وهو موقف مستهجن قد ينسجم مع التوجّه الاجتماعي في العالم المرجعي الذي تحيل إليه الرواية لكنّه لا ينسجم مع مواصفات الشخصية ذات العلاقة، فعواطف نشأت في أسرة محبّة حرص فيها الأب على تعليمها كي لا تقع ضحية الأفكار المتحجّرة، تعلّمت ركوب الخيل، درست اللغة الإنكليزية في جامعة القاهرة، عاشت قصّة حبٍّ مع زميلها مدحت، عملت في السفارة البريطانية في قسم الترجمة، رفضت الزواج من زميلها الإنكليزي رغم تعهّده بتغيير دينه لأجلها، أي أنّ شخصية بهذه المواصفات تستطيع أن ترفض وتختار، لذلك، يبدو صمتها على الخيانة مستهجنًا، حتى وإن كان بحجّة الاهتمام بابنها، وهنا، ثمّة تباين بين سلوك الشخصية وصفاتها، ما يطرح رسم الشخصية روائيًّا على بساط البحث. على أنّ هذا الموقف السلبي لا يقتصر على عواطف وحدها بل يمتدّ إلى المحيط الأسَري فتنصحها الأم بعدم الطلاق وتجميد مشاعرها إزاء الزوج والانصراف إلى ابنها، ويمتد إلى المحيط الاجتماعي فينصحها حبيبها القديم مدحت بالانسحاب من الخارج والعكوف على داخلها لعلّها تجد ما يسعدها. على أن أخطر ما تتعرّض له عواطف يتمثل في إصابتها بسرطان الأمعاء وموتها لاحقًا بعد شهر واحد من واقعة تَسَبّب الزوج الخائن بقتل سهى، شريكته في الخيانة وزوجة صديقه بدر، وانتحار الأخير. وهكذا، تربط الرواية بين الخيانة والمرض، النفسي والجسدي، وتطرح موقفًا سلبيًّا، هروبيًّا، في مواجهة الخيانة، هو موقف العالم المرجعي الذي تحيل إليه.

بين هذين المسارين السرديين، يتموضع مسار سراج، الابن الوحيد لمالك وعواطف. يبدأ نصيًّا من واقعة جلوسه منفردًا في المقهى، يرتشف الموكا المثلّجة، ويشعر بالقلق على أبيه مالك، طريح الفراش، ويهرب من الحاضر القاسي إلى الماضي مستعيدًا وقائع روائية

تتعلّق بطفولته، ومدرسته الأولى، ورعاية والديه المفرطة له، وتعثّره في الدراسة، وعدم التزامه في العمل، وفشله في الزواج...، وهكذا، تقدّمه الرواية شخصية سطحية، لامبالية، طيّبة، فاشلة في الدراسة والعمل والزواج، تفتقر إلى الطموح، يمضي نهاره في التسكّع في المقاهي وليله في السهر واللهو، يتردّى في الوحدة والفقد والمرض والانقطاع عن العالم بعد رحيل أبيه الذي كان يشكّل مظلّة أمانٍ له. وإذ يحاول أحمد الأصولي المتطرّف استغلال هذه الوضعية وتوريطه في التطرّف ودفعه إلى «الجهاد» في سوريا، تأتي واقعة جريمة مروّعة تحدث في الرياض، يقتل فيها ولدان أمهما ويحاولان قتل أبيهما الطاعن في السن، بفعل التضليل الديني الذي يتعرّضان له، لتشكّل نقطة تحوّل في مسار الشخصية وسلوكها، توقظ سراج من غفلته وتعيده إلى رشده، فيتخلّص من زي المتشدّدين، ويعود إلى الدوام في الشركة محاولاً النهوض بها، ويمارس نقدًا ذاتيًّا لمراحل معيّنة من حياته، ويقرّر البدء من جديد بإعادة حقوق عمّه وعمّته في الإرث. وهكذا، يتصالح مع نفسه، ويصدر عن نظرة جديدة إلى الحياة، يعبّر عنها في آخر الرواية بالقول: «الحياة ليست قاسية على الدوام. دومًا تمنحنا فرصًا أخرى. سأبدأ مشواري من هنا. لا مستحيل في قاموس الدنيا». (ص 193). وهنا، يثير هذا التحوّل المفاجئ استغرابنا، ويكسر أفق التوقّعات، فالمقدّمات المنسوبة إلى هذه الشخصية لا تجعلنا نتوقّع مثل هذه النهاية.

«الشيطان حين يحبّ أحيانًا» خطوة واثقة أخرى في مسيرة زينب حفني الروائية، تحفر في المسكوت عنه في مجتمع محافظ، وتفعل ذلك بتقنيات سردية مناسبة ولغة رشيقة، ما يمنح الرواية قيمتها ويجعلها قمينة بالقراءة.

سليم بطّي
يفكّك التفكّك الأسري

«فونوغراف» هي الرواية الثانية للكاتب اللبناني سليم بطّي بعد «لن أغادر منزلي» (نوفل). والكلمة يونانية الأصل، منحوتة من كلمتي (PHONO) التي تعني «صوت» و(GRAPH) التي تعني «كتابة». وقد أطلقت على جهاز تسجيل الصوت واستعادته الذي اخترعه الأميركي توماس إديسون في العام 1877. ولعلّ اختيارها عنوانًا لرواية إشارة إلى أن الكتابة الروائية هي نوع من تسجيل الصوت واستعادته، ذلك أنّ لكلّ كاتب صوته في برج بابل الرواية. فما هو الصوت الذي يريد سليم بطّي أن يُسمعنا إيّاه؟

في بداية الرواية، يقول الراوي الجنين: «هذا أنا وهذه أولى حكاياتي، حكاية البصقة التي كنت» (ص 28)، وفي نهايتها، يقول الراوي الرجل: «هذا أنا وهذه آخر حكاياتي، حكاية الغلطة التي كنت» (ص 207). وبين الحكاية الأولى والأخيرة، بين البصقة والغلطة، سلسلة من الحكايات تتمحور حول الراوي، الشخصية المحورية في الرواية، وتحكي اللعنات الكثيرة التي تطارده، مذ خرج «من عدْنٍ مغشوشة في رحم أمّه» إلى أن وجد نفسه في «جهنّم حقيقية في رحم أكبر» هي الحياة (ص 16). ومن خلال هذه الحكايات، يقول الكاتب تداعيات الحروب، الداخلية والخارجية، على المكان والزمان والإنسان. ويقول تمظهراتها في النص تفكّكًا أُسَريًّا، وتهجيرًا، وهجرة، وغربة، واغترابًا...

على أنّه قبل ولوج المتن وحكاياته، لا بدّ من التوقّف عند العتبات المؤدية إليه، بدءًا من الملحوظة غير المهمّة والإهداء، مرورًا بعناوين المجموعات السردية، وصولاً إلى المقتبسات الروائية التي يُروّس بها الكاتب الوحدات السردية الأولى من المجموعات الثماني في الرواية.

- في الملحوظة، يكسر الكاتب النمطية العامة التي يصدّر بها الكتاب أعمالهم حين يعزون التشابه بين أحداثها والواقع إلى محض الصدفة، فيعزوه هو إلى أي شيء ما عدا الصدفة.

- في الإهداء، يكسر النمطية حين يذكر الذين لا يريد إهداء الكتاب لهم لئلاّ يزيدهم وجعًا على وجع.

- في عناوين المجموعات السردية، ترد مفردات تنتمي إلى الحقل المعجمي للوجع، من قبيل: وصب، حزن، حيرة، رحيل، بكاء، حداد، هشيم، سخط، وغيرها. وهي تتناسب مع «مونودراما الوجع»، التسمية التي أطلقها الكاتب على عمله.

- في المقتبسات الروائية، يقتبس الكاتب ثمانية نصوص قصيرة معاصرة، ويروّس الوحدة السردية الأولى من كلٍّ مجموعة بنصٍّ منها. وتتناول هذه النصوص على التوالي: عبثية الولادة، عدم معرفة التنفّس، قتل الطفولة، موت المدن، فشل الكينونة، فوات الأوان، سيلان الزمن، وبكاء الراحلين.

وهكذا، يمكن القول إن عتبات النص، على أنواعها، تحيل إلى مناخ من الوجع الإنساني الذي تتعدّد أسبابه وتمظهراته. فهل يعكس النص الروائي هذا المناخ؟ وكيف يتمّ ذلك؟

بالعودة إلى الشخصية المحورية في الرواية وحكاياتها الممتدّة بين البصقة والغلطة، نشير إلى أنّها مطارَدة بمجموعة من اللعنات، منذ بداية الرواية حتى نهايتها؛ فسليم يُولد في تنّورين من شمالي لبنان، لأمٍّ بريطانية تتخلّى عنه في الرابعة من عمره وتعود إلى لندن، وأبٍ لبناني يتنازل عنه ويسافر إلى دبي بعد أن يعهد بأمر تربيته إلى الجدّة. فيشكّل تفكّك الأسرة اللعنة الثانية التي تطارده بعد لعنة الولادة الأولى. وحين يبلغ التاسعة من العمر، تنتزعه أمّه من حضن الجدّة الذي عرف فيه بعض الأمان إلى لندن بذريعة تعليمه، فتشكّل الهجرة لعنته الثالثة، حتى إذا ما زجّت به في مدرسة داخلية لعشر سنوات، دون أنيس أو جليس، تكون لعنته الرابعة المتمثّلة في الغربة والوحدة والعزلة، فيخرج من تلك المدرسة «إرَبَ خردة لم يرَ منها إلاّ فسيفساء قبيحة لوّنتها الأوجاع»، على حدّ تعبيره. (ص 79)

وتستمرّ اللعنات في مطاردة الراوي، وتكون خامستها حين ينخرط في العمل الإنساني في العراق في العام 2016، ويُصاب في تفجير يُودي برفيقه مارك، ويُقعده هو شهرين في مستشفى لندني. وما إن تبسم له الدنيا، بقبوله في جامعة تورنتو الكندية، وانخراطه في علاقة حب مع فرح زميلته في الجامعة، حتى تواجهه باللعنة السادسة، فتتخلّى عنه الحبيبة متذرّعةً بماضي والده السيّئ. وإذ يحاول البحث في هذا الماضي الذي يُطارده إلى أقاصي

الأرض، بعد عشرات السنين، يتلقّى اللعنة السابعة من عمّته حين يعلم منها أنّها ليست عمّته، وأن المرأة التي ربّته ليست جدّته الحقيقية. وتكون الثامنة حين يزور أخاه فادي في دبي، فيتنكّر هذا لأخوّته، ويقلب له ظهر المجنّ محمّلاً أمّه البريطانية مسؤولية تدميره. ولعلّ تعاقب هذه اللعنات عليه هو ما جعله يعتبر أن حياته بدأت البصقة التي كان، وآلت إلى الغلطة التي كان.

هذه الشخصية المأساوية التي تعاني تمظهرات الوجع، على أنواعه، تشكّل المحور الذي تتمحور حوله الشخصيات الأخرى، الموجودة في النص، انطلاقًا من العلاقة التي تربطها به، سواءٌ من موقع الفعل أو ردّة الفعل. وإذا كان المقام لا يتّسع لقراءة سائر الشخصيات، فحسبنا الوقوف عند بعضها، وهي شخصيات متحوّلة بتعاقب الأحداث ونموّها.

- فالأب وسام الذي تتمّ شيطنته في الرواية باعتباره شخصية غير مسؤولة، تتخلّى عن واجباتها الأسرية، وتنحرف عن جادّة الصواب، وتنغمس في الممنوعات، وتهرب من تحمّل المسؤولية، تأتي رسائله إلى ابنه، في نهاية الرواية، لتكشف أنّه كان ضحيّةً لأسرة مفكّكة، وأبٍ مستهتر هو الجد الطبيعي، وزوجة أبٍ ظالمة توقعه في شباكها قبل أن يجفّ تراب أمّه الراحلة. ولعلّ الأب أراد، من خلال رسائله، الظهور بمظهر الضحيّة، وتقديم طلب استرحامٍ متأخّر إلى ابنه، تكفيرًا عن تقصيره بحقّه، وتخفيفًا من شعور بالذنب ملازم له.

- والأم باتريسيا المتحدّرة من أب بريطاني وأم لبنانية تنفصل عن زوجها بسبب ارتباطه بأخرى روسية، وتتخلّى عن ابنها الوحيد سليم في الرابعة من عمره لتقوم بتربيته الجدة بالتبنّي، حتى إذا ما بلغ التاسعة من العمر، تقوم بانتزاعه منها، وتُدخله مدرسة داخلية بريطانية. وهذه الشخصية تعاني ازدواجية معيّنة، فتبدي قسوة وصرامة في التعاطي مع ابنها، من جهة، وتبدي حرصًا على مستقبله، من جهة ثانية. تهتم بتعليمه، وتنقطع عن زيارته. تمدّه بالمال، وتبخل عليه بالحنان. ولعل السبب في ذلك يعود إلى التربية الغربية التي لا تقيم وزنًا كبيرًا للعواطف.

- والجدّة بالتبنّي تقدّمها الرواية شخصيّة مثالية، قوية، متفانية، حنون، تأخذ على عاتقها تربية «الحفيدين» سليم وفادي، وتقوم بدور الوالدين الغائبين، وتوفّر لهما الصدر الرحب والحضن الآمن، حتى يؤول كلٌّ منهما إلى مصيره. وهكذا، يمتد التبني، من الأب وسام إلى ولديه سليم وفادي، في سابقة غير مطروقة كثيرًا في هذا المجال.

- أمّا سامية التي اقتنصت الجدّ الطبيعي بعد رحيل زوجته فهي شخصية شريرة، تتفنّن في كره الأب وتعذيبه بعد موت الجد، وتسومه أصناف العذاب، ما يجعله يترك بيته الوالدي، وينحرف عن سواء السبيل، ويتنقّل «بين بيوت الدعارة وتجّار الممنوعات والقتلة واللصوص وقطّاع الطرق والمتسوّلين» (ص 161)، ويؤول به الأمر إلى الإصلاحية، حتى إذا ما خرج منها، تتبنّاه أسرة ألفتريادس، وتتعهّده بالعناية والرعاية. وهنا، شتان ما بين الجدة بالتبني التي تربّي الأب وولديه لاحقًا وتجسّد الخير، وبين سامية زوجة الجدّ التي تجسّد الشر.

في «فونوغراف»، يتّخذ الروائي من الراوي قناعًا له، يقول من خلاله ما يريد تصويرًا للظلامات التي تقع على الناس، وتعريةً لها. وهما يفترقان ويتقاطعان في الرواية. وإذا كان افتراقهما يتعدّى قدرة القارئ على تحديد نقاط الافتراق، فإنّه، من السهولة بمكان، تحديد نقاط التقاطع استنادًا إلى المقارنة بين الراوي في النص الروائي، والروائي في النبذة المختصرة على الغلاف الأخير، والاستنتاج أنّهما يتقاطعان في: الاسم، والعمل الإنساني مع النازحين، والدراسة الجامعية في الخارج، وحقل الدراسة، على الأقل.

بالانتقال إلى الخطاب الروائي، نشير إلى أن الرواية تقع في ثلاثة أبواب، يندرج تحت كلٍّ منها فصلان اثنان، في الحدّ الأدنى، وثلاثة فصول، في الحدّ الأقصى. ويحتوي كل فصل على وحدتين سرديّتين اثنتين، في الحدّ الأدنى، وسبع وحدات، في الحدّ الأقصى. وبذلك، تتألّف من: ثلاثة أبواب، وثمانية فصول، وإحدى وثلاثين وحدة سردية. تنتظمها علاقة زمنية خطية، تتخلّلها انعطافة حادّة إلى الوراء في الرسائل الثلاث المرسلة من الأب، ثم تتابع خطّيتها من حيث انعطفت. ويقوم بعملية الروي فيها الراوي المشارك، بشكل غير مباشر، وبصيغة الغائب في الوحدات السردية الثلاث الأولى، وبشكل مباشر في باقي الوحدات، وبصيغة المتكلّم. وهذه التقنية تناسب النوع الروائي المتعلّق بحكاية الشخصية، الأمر الذي ينطبق على «فونوغراف».

في اللغة، يُمكن الكلام على ثلاثة مستوياتٍ لغوية في النص، تختلف باختلاف الأنماط النصّية الواردة فيه؛ ففي السرد، يستخدم الكاتب المستوى الفصيح المباشر الذي تتعدّد فيه صيغ الكلام، وتختلف أزمنة السرد، وتتنوّع الحقول المعجمية، ويرشّ عليه المحسّنات البلاغية بمقادير محدّدة، تجمّل النص ولا تثقله. وفي الحوار، يستخدم المستوى المحكي، ولا يتورّع عن تسمية الأشياء بأسمائها، وذكر الشتائم والكلام البذيء حرفيًّا، الأمر الذي يوهم

بالواقعية والصدق الروائي. وفي الرسائل، يستخدم المستوى الفصيح المطعّم بالمحكية. وهكذا، نكون إزاء نصٍّ روائيٍّ متعدّدِ المستويات اللغوية، يعكس تنوّع الأحداث والشخصيات.

وَعَوْدٌ على بدء، يمكن القول إنّ المتن الروائي، بوحداته السردية الإحدى والثلاثين، يعكس المناخ الذي أرهصت به العتبات المختلفة، لا سيّما في العناوين والترويسات المقتبَسة، فتشكّل مفاتيح مناسبة لفتح أبوابه المرصودة.

شهلا العجيلي
بين «صيف العدو» و«ربيع الصديق»

بين قول الراوية في وسط الرواية: «أريد لهذا الصيف، على غير العادة، أن ينتهي سريعًا، ولعلّ أسوأ ما قد يحدث لشخص هو أن يقضي الصيف مع عدوّه!» (ص 142)، وقولها في نهايتها: «أمسكت بعقد اللؤلؤ الذي في رقبتي أتوكّأ عليه، ومضيت نحو عدوي القديم بساقي أمي المقطوعتين» (ص 333)، تمتد حوادث رواية «صيف مع العدو» للروائية السورية شهلا العجيلي (ضفاف، مجاز، الاختلاف). من هذا المستهل الذي يعكس علاقة ملتبسة بين الأنا والآخر أدخل إلى الرواية. على أن طرفي هذه العلاقة هما: لميس، الراوية والشخصية المحورية في الرواية، سواء من موقع الشهادة على الحوادث أو الانخراط فيها، المتحدّرة من الرقّة السورية، ونيكولاس، عالم الفلك الألماني والأستاذ في جامعة ميونيخ.

العلاقة الثنائية بين الأنا والآخر المختلف تتمظهر في ثنائيات متعدّدة، على مدى الرواية، مكانية، وزمانية، وشخصية، ونصّية. تتفاعل فيما بينها، من جهة، وداخل الثنائية الواحدة، من جهة ثانية. وتتمخّض عن هذا التفاعل المزدوج نتائج مختلفة. ومن هذه الثنائيات، على المستوى المكاني: ألمانيا/ سوريا، كولونيا/ الرقّة، الوطن/ الملجأ، الكاتدرائية/ الكنيسة، الشقّة الكولونية/ البيت الرقّاوي. وعلى المستوى الزماني: الحاضر/ الماضي، الحاضر/ المستقبل، الراهن/ التاريخ. وعلى مستوى الشخصيات: لميس/ كارمن، نجوى/ نيكولاس، أسعد/ آنّا، بسام/ كارمن. وعلى المستوى النصّي: الوقائع/ الذكريات، السرد/ الحوار، السرد/ الوصف. وبين هذه الثنائيات وغيرها، وداخل كلٍّ منها، يتحرك مكّوك السرد، في حركات غير متساوية لينسج النصّ الروائي.

كثيرة هي الموضوعات التي تطرحها شهلا العجيلي في «صيف العدو»، من خلال الحكاية الرئيسية والحكايات المتفرّعة منها. فنقع على: اللجوء السوري إلى الغرب، الآثار المدمّرة للحرب الأهلية أو العالمية، فشل الزيجات غير المتكافئة اجتماعيًّا، الاندماج في

مجتمع غريب، تشابه التجارب الإنسانية، والصداقة العابرة للقوميات...، ونخلص إلى أنّ العالم يتّسع للجميع، وأنّ الجسور أمكنة، وأنّ الآخر ليس عدوًّا بالضرورة.

تتحرّك الحوادث بين فضاءين روائيين محوريين هما: مدينة كولونيا الألمانية، ومدينة الرقّة السورية. يحتضن الأوّل الوقائع التي تشغل حيّزًا ضئيلاً من الرواية، ويمتدّ زمنيًّا على بضعة أيام. ويحتضن الثاني الذكريات التي تشغل الحيّز الأكبر منها، ويمتدّ زمنيًّا على قرنٍ ونيّف، ويغطّي ثلاثة أجيالٍ، على الأقل، من أسرة الراوية. وكثيرًا ما يستدعي الفضاء الأوّل الثاني، فتشكّل الوقائع تحريضًا على التذكّر، واستحضارًا للماضي، القريب والمتوسّط والبعيد، في محاولة لاستعادة توازن مفقود في علاقة الشخصية الراوية بالحاضر، جرّاء الحرب المندلعة في الوطن.

في الوقائع، تحلّ الراوية لميس، الثلاثينية السورية الهاربة من جحيم الحرب، ضيفة مؤقّتة على صديقتها كارمن، الروائية الألمانية التي كانت قد حلّت ضيفة على أسرتها في الرقّة قبل عشرين عامًا، خلال دراستها اللغة العربية في جامعة دمشق وقيام أخيها نيكولاس بتجارب فلكية في الرقّة، وذلك قبل انتقال لميس إلى ميونيخ لمتابعة الدراسة في جامعتها بمنحة وفّرها لها الأخير. وخلال هذه الفترة، تتنقّل بين شقّة كارمن في شارع شيلدرغاس، وشقّة عبّود رفيق الصبا المتحدّر من أبٍ سوري وأمٍّ تشيكوسلوفاكية، ونادي أستوريا المطلّ على بحيرة أديناور، ومرافق مدينة كولونيا الأثرية والسياحية. وتنخرط في حوارات وذكريات مع كارمن وعبّود، وترى المدينة بعيني سائحة لا لاجئة، وتعقد المقارنات بين لوازم الفضاءين الروائيين ومتعلّقاتهما البشرية والزمانية والمكانية. على أنّ الواقعة الأهم هي اكتشاف لميس أنّها كانت أسيرة شعور بذنبٍ وهميٍّ طيلة عشرين عامًا، ترك تأثيره في خياراتها ومستقبلها.

في الذكريات، تتذكّر لميس شذرات من سيرة أجيالٍ ثلاثة من أسرتها، بدءًا بالجدّة المتحدّرة من بيت لحم لأبٍ قُتِلَ في حادث إطلاق نار في القدس العام 1936، وأمٍّ انتحرت إثر احتراق بيتها وابنها، والجدّ إبراهيم آغا، تاجر القطن والحبوب الذي جاء بها، ذات يوم، من بيروت، بعد أن شاهدها ترقص في فرقة بديعة مصابني، مرورًا بالأب عامر الذي ورث حبيبة أخيه، بعد رحيله المفاجئ إلى اليونان، وزواجه الفاشل منها، وخيانته إيّاها، والتحاقه بأخيه في اليونان حيث لقي حتفه فيها، والأمّ المرأة الجميلة التي لم تنصفها الحياة، فحملت غدر الأخوين فارس وعامر، حتى إذا ما ابتسمت لها بالتعرّف إلى نيكولاس

والانخراط معه في علاقة جميلة تقف ابنتها لميس الراوية التي كانت تكنّ مشاعر ملتبسة للأخير، هي مزيج من الحب والغيرة والعداوة، في وجه هذه العلاقة، ما أدّى إلى عدم اكتمالها، فيلازمها شعور متأخّر بالذنب، وصولاً إلى تعلّمها ركوب الخيل على يد السائس أبي ليلى الذي يدفع ثمن نجاحه في عمله وضريبة معارضة أولاده للنظام، وهذا ينسحب على خال الراوية نجيب، الشاب الحيوي الدمث المحبوب، الذي يُعتقل بتهمة الشيوعية، ويُعاد إلى ذويه جثّةً هامدة.

وفي الذكريات ما يتعلّق بعبّود، رفيق الصبا والحبيب المؤجّل، وتفكّك أسرته، إثر اكتشاف أمّه التشيكوسلوفاكية زواج أبيه من أخرى، وعودتها إلى ذويها تاركة عبود لقدره، ما يشير إلى فشل الزيجات التي يصدر أطرافها عن منظومات قيم مختلفة، وهذا ما ينطبق على علاقة كارمن الألمانية وبسّام السوري/ الفلسطيني أيضًا.

على أن العلاقة بين الوقائع والذكريات هي علاقة استدعاء الأولى للثانية، بقرينة التشابه أو الاختلاف، ممّا يتمظهر في المقارنات الكثيرة التي تعقدها الكاتبة/ الراوية؛ فرؤية لميس نهر الراين تذكّرها بالفرات، والحي الكولوني يذكّرها بالحارة الرقّاوية، وروائح متجر الكولونيا الشهير تعيدها إلى أحضان جدّها الآغا وجدّتها، وزيارة كاتدرائية كولن دوم تستدعي زياراتها الكنيسة الصغيرة في الرقّة. وهكذا، يسكنها الوطن في الملجأ، وتطاردها الذكريات، فالإنسان لا يستطيع التحرّر من تاريخه حتّى وإن ابتعد عن جغرافيته.

انطلاقًا من الوقائع والذكريات، نكتشف الوطأة الثقيلة التي تتركها الحروب، على أنواعها، على علاقات الناس فيما بينهم، وانعكاسها على مساراتهم ومصائرهم، فتؤول كثير من العلاقات إلى الفشل، وتُجهَض أخرى قبل أن تؤتي أُكُلَها. تفشل علاقات: أسعد وآنّا، نجوى وفارس، نجوى وعامر، كارمن وبسّام، كارمن وغونتر، كارمن ودانييل. وتُجهَض علاقات: نجوى ونيكولاس، لميس وعبّود. الفشل والإجهاض يتمّان لأسباب مختلفة تأتي الحرب في طليعتها. هذا في المسارات، أمّا في المصائر فنرصد مقتل إستيفان، والد الجدّة، في القدس العام 1936، وانتحار أمّها لوسي، ومقتل الخال نجيب على يد المخابرات، ومقتل الأم نجوى بانفجار لغم أرضي، ومقتل أسرة جدّة نيكولاس وكارمن في الحرب العالمية الثانية. وفي الحرب تختلط المعايير، فإذا من نظنّه العدو يتمخّض عن صديق وفي، وإذا من نعتبره الجار والشريك يقلب ظهر المِجَنّ ويُبدي العداوة.

تضع شهلا العجيلي روايتها في سبع وحدات سردية متفاوتة المساحة، وتُصدّر كلاًّ منها بعنوان مناسب. على أن العلاقة الزمنية بينها لا تتناسب مع تموضعها النصّي، فربَّ وحدة لاحقة تعود بالزمن إلى فترة سابقة، وينتظم هذه الوحدات مسار شبه دائري متعرّج، ما يجعل الرواية تكسر نمطية الخطاب الروائي الكلاسيكي. وتعهد الكاتبة بعملية الروي إلى راوية مشاركة تروي بصيغة المتكلّم المفتوحة على صيغة الغائب، وبذلك، تنطوي على راوٍ عليم ضمنًا. وهي تتراوح بين السرد والوصف ما يجعل النصّ غنيًّا بالمعارف المتنوّعة، السياحية، والعمرانية، والفلكية، والتاريخية، والجغرافية، والثقافية. فيجمع بين متعة السرد وفائدة الوصف، وكلاهما تحتضنه لغة رشيقة، هي في منزلةٍ وسطى بين منزلتي لغة الأدب المداورة ولغة التقرير المباشرة.

وفي ختام هذه القراءة، لا بدّ من الإشارة إلى مسألة تتعلّق برسم شخصية الراوية، على المستويين المكاني والزماني؛ فعلى المستوى الأوّل، نشير إلى أنها ترى المكان الكولوني بعيني سائحة ورحّالة تهتمّ بالتفاصيل والجزئيات، وتوغل في التأمّل وعقد المقارنات، وهو ما يتنافى مع كون الشخصية الراوية لاجئة تحمل غربتها وتبحث عن موطئ استقرار وأمان. وعلى المستوى الثاني، نشير إلى أنّ وصف الجدّة قبل ارتباطها بالجد، أي قبل ولادة الراوية بجيلين اثنين، بالتفاصيل الدقيقة، أمر يتنافى مع دور الراوية الشاهدة أو حتى الراوية العليمة، لبعد الزمن بين الراوي والمروي عنه، ولاستحالة تذكّر التفاصيل سواءٌ أكانت مرئية أم مسموعة. ورغم ذلك، تبقى «صيف مع العدو» رواية جميلة، اجتهدت كاتبتها فكان لها أجرا المتعة والفائدة، ونقلتنا من «صيف مع العدو» إلى «ربيع مع الصديق».

ضحى الملّ
على هامش المدينة

في بدايةِ الروايةِ، تتساءلُ هدى، الراويةُ المشاركةُ، التي تقومُ بكتابةِ قصّةِ أبيها: «لماذا رفضَتْ عفاف الزواجَ به؟»، وفي نهايتِها، تكتشفُ أنّهما تزوّجا سرًّا في ألمانيا. وبينَ البدايةِ والنهاية، تقولُ «زَندُ الحجر» (دار الفارابي)، روايةُ ضحى الملّ الأولى، حكايةَ الأبِ والجدِّ والحفيدة. وتقولُ من خلالِهمْ حكايةَ شريحةٍ اجتماعيةٍ كبيرةٍ تتحدّرُ منْ جذورٍ ريفية، تنتمي إلى القاعِ الاجتماعي، تقطنُ عشوائياتِ المدن، تتفرّقُ بها السُّبلُ بينَ الأحياءِ والحاراتِ والزواريب، وتدفعُ ثمنَ انتمائِها الطبقي في السِّلمِ والحرب.

بالدخولِ إلى الروايةِ من عنوانِها، نشيرُ إلى أنّ عبارةَ «زَنْدِ الحجر»، في الاصطلاحِ الشعبي، تعني العتبةَ الحجريةَ التي تُوضعُ فوقَ مدخلِ البيت، والمِسَنَّ الذي تُشحَذُ به السكّين. وهيَ، في الاستعمالِ الروائي، تعني المِسَنَّ الذي يدّخرُ الطاقةَ حينَ تُشبِّهُ الكاتبةُ عصا العمّةِ به، في قولِها: «وعصاها تتّقدُ كَزَنْدِ الحجر» (ص 37)، وتعني الوسادةَ حينَ تقولُ على لسانِ الراوي/ الأب: «في بيتِها تعلّمْتُ النومَ على زَنْدِ الحجر...» (ص 84). وبذلكَ، يتّفقُ الاستعمالُ مع الاصطلاح، في أَحَدِ المعنيين، وينحرفُ عنْه في المعنى الآخر. وإذا ما عَلِمْنا أنّ العنوانَ هوَ عتبةُ النص، في المعجمِ النقدي، نستنتجُ أنّ المعجمين، الاصطلاحي والنقدي، يلتقيانِ في اللفظةِ نفسِها «العتبة»، ويفترقانِ في المعنى، فعتبةُ البابِ غيرُ عتبةِ النص، وإنْ كانتا تتّفقانِ في وظيفةِ الدخول.

وبالانتقالِ منَ العتبةِ إلى النص، ترصدُ الكاتبةُ التحوّلاتِ الاجتماعيةَ، العكار- طرابلسية، خلالَ النصفِ الثاني من القرنِ الماضي، من خلالِ اقتفاءِ حركةِ أسرة، على مدى ثلاثةِ أجيال، في نزوحِها من الريفِ إلى المدينة، وفي سعيِها للحصولِ على لقمةِ العيشِ والحياةِ الكريمة. وترصدُ الظروفَ التي تنطلقُ منها الشخصيّاتُ المختلفة، والمساراتِ التي تسلكُها، والمصائرَ التي تؤولُ إليها. تتشابهُ المنطلقات، تتقاطعُ المساراتُ وتفترق، وتختلفُ المصائر. وهيَ

تفعلُ ذلكَ بعينِ الروائيةِ التي تتعقّبُ الخطواتِ والحركاتِ والسكنات، وتلتقطُ التفاصيلَ والإشاراتِ والجزئيات، وتبني منْها الحياةَ الروائية، الموازيةَ أو المفارقةَ، للحياةِ الطبيعية. وقدْ تغضُّ تلكَ العينُ عن مشاهدَ معيّنة، ووقائعَ مفيدة، في عمليةِ البناء، فبعضُ الموادِّ الأوليةِ يُمكنُ الاستغناءُ عنْها، من وجهةِ نظرِ الكاتبة.

الحياةُ الروائيةُ التي تُقدّمُها «زَندُ الحجر» موازيةٌ للحياةِ الطبيعية، في آلامِها وآمالِها، ونجاحاتِها وإخفاقاتِها، ومدِّها وجزرِها، وسلمِها وحربِها، ولهوِها وجدِّها، وحبِّها وكرهِها...، ومفارقةٌ لها في أنّ بعضَ الوقائعِ المهمةِ في الحياةِ الطبيعية، من موتٍ ومرضٍ وسفرٍ ومتاع، يتمّ تقديمُها في الحياةِ الروائيةِ بشكلٍ عَرَضيٍّ دونَ التوقّفِ عندَها. ولعلَّ ذلكَ يعودُ إلى أنّ للفنِّ، أيًّا كانَ نوعُه، حياتَهُ الخاصةَ وآليّاتِ عملِهِ غيرِ المطابقةِ، بالضرورةِ، للحياة. وبِمَعْزلٍ عنْ هذهِ المقارنةِ بينَ الفنِّ والحياةِ وآليّاتِ اشتغالِ كلٍّ منْهُما، يجتمعُ في «زَنْدِ الحجر» الفقرُ، واليتمُ، والبؤسُ، والتفكُّكُ الأُسَريُّ، والحبُّ، والكرهُ، والحربُ، والمغامرةُ، والموت... إلى ما هنالكَ من مفرداتٍ نَقعُ عليْها في الحياةِ اليومية. وبذلكَ، يكونُ النصُّ انعكاسًا للحياة، في المحتوى، على الأقل، دونَ الشكل، باعتبارِ هذا الأخيرِ مسألةً فنيةً بامتياز.

في بدايةِ الرواية، تشيرُ الراويةُ المشاركة، التي تُسنِدُ إليها الكاتبةُ رويَ الفصلينِ الأوّلِ والثالثِ منَ الرواية، إلى أنّها ستروي حكايةَ أبيها، وتُرمِّمُ الفجواتِ فيها، وتجلو بعضَ النقاطِ المجهولة. ومعَ ذلك، تُخصِّصُ الكاتبةُ الفصلَ الأوّلَ منَ الروايةِ الذي يَستغرقُ سبعًا وخمسينَ صفحةً للجَدِّ عبدِ الغفورِ الذي يُمثِّلُ الجيلَ الأوّلَ منَ الأسرة، وحضورُ الأبِ في هذا الفصلِ هامشيٌّ غيرُ مُباشِر. ويَقتصِرُ الحضورُ المباشِرُ للأبِ عبدِ الغفورِ الذي يُمثِّلُ الجيلَ الثانيَ على الفصلِ الثاني الممتدِّ على أربعٍ وستّينَ صفحةً يرويها بنفسِه. ويَغلُبُ على الفصلِ الثالثِ والأخيرِ من الرواية، الممتدّ على خمسٍ وأربعينَ صفحةً، حضورُ الابنةِ الراويةِ هدى التي تُمثّلُ الجيلَ الثالثَ منَ الأسرةِ العكّار- طرابلسية، وتُواصِلُ تجميعَ خيوطِ حكايةِ الأب، فَيَحضُرُ بشكلٍ غيرِ مباشر، وتقولُ حكايتَها في الوقتِ نفسِه. وهكذا، يكونُ الفصلُ الأوَّلُ تمهيدًا للثاني، ويكونُ الثالثُ تتمَّةً له، على أنّ العلاقاتِ بينَ الحكاياتِ الثلاثِ هيَ علاقاتُ استمرار، ونمو، وتقاطع، وافتراق، وتوازٍ... فَيُعيدُ «التاريخُ» نفسَهُ في بعضِ المواقف، ويَختلفُ عنْها في مواقفَ أخرى.

بالعودةِ إلى الشخصياتِ الثلاث، نُشيرُ إلى أنّ عبدَ الغفورِ الجَدَّ صاحبُ شخصيةٍ متمرّدةٍ مُنذُ الصِّغر، يعصى أمَّهُ الشيخةَ سعاد المعتدّةَ بِنَسَبِها فَتُؤثرُ أخاهُ عليه. يتركُ قريتَهُ العكّاريةَ إلى طرابلسَ في العشرينِ منَ العمر. يبيعُ القهوةَ في الحاراتِ الشعبية. يُهمِلُ أسرتَهُ ويَسْدُرُ في غَيِّهِ وعلاقاتِهِ الغرامية. هوَ شخصيةٌ لامنتمية سواءٌ للأسرةِ التي تحدَّرَ منها أو لتلكَ التي تحدَّرَتْ منْه. وهوَ زوجٌ غيرُ مخلص، وأبٌ غيرُ حنون، ورجلٌ ذكوري. يعاني ازدواجيةَ الرجلِ الشرقي، فَيَغرَقُ في علاقاتِهِ النسائيةِ المتعدِّدة، وحينَ تفتري زوجتُهُ الثانيةُ على ابنتِهِ الوحيدةِ فاطمة يقومُ بِضربِ الأخيرةِ بوحشية، ويُلحِقُ بها الأذى، ما يَترُكُ أثرَهُ العميقَ على جسدِها وحياتِها. وهوَ، إلى ذلكَ، شخصيةٌ وجودية، يُقبِلُ على الحياةِ وَمَلاذِّها رُغمَ الفقرِ وضيقِ ذاتِ اليد، ويموتُ خلالَ مضاجعةٍ أخيرةٍ لزوجتِهِ اللعوب، فَيُبادِرُ منيّتَهُ بما ملكَتْ يدُه، على حدِّ تعبيرِ الشاعرِ الوجودي طَرَفَة بنِ العبد.

الشخصيةُ الثانيةُ هيَ عبدُ الرؤوف، ابنُ عبدِ الغفورِ وأبو هدى والشخصيةُ المحوريةُ في الرواية، وهيَ حاضرةٌ بشكلٍ غيرِ مباشرٍ في الفصلينِ الأوَّلِ والثالث، وبشكلٍ مباشرٍ في الفصلِ الثاني. وهيَ مزيجٌ منَ المأساةِ واليتمِ والفقرِ والبؤسِ والعصاميةِ والمغامرةِ والطموحِ والوعيِ المبكّرِ والإقبالِ على الحياة، أيْ أنّها شخصيةٌ تجمَعُ المتناقضات؛ وَتَتَمَظْهَرُ هذهِ المكوِّناتُ في الوقائعِ التالية: تموتُ أمُّهُ لحظةَ ولادتِه، يَنشأُ في بيتِ خالتِهِ الكوشارية، يَتعلَّمُ صناعةَ الأحذيةِ على عمِّهِ أبي أحمد، يَرِثُ عن أبيهِ كُرْهَ الجَدَّةِ سعاد له، يَعمَلُ في حماه ويعودُ بمبلغٍ من المالِ يشتري بِهِ دكّانًا في طرابلس، يقترنُ بابنةِ عمِّهِ خدّوج التي أحبَّ بعدَ ممانعةِ أسرتِها، يَدخُلُ في صداقةٍ مع عبدِ اللطيفِ ويغرقانِ معًا في ليالي الشراب، يتفانى في العملِ ويُوسِّعُ تجارتَهُ حتى تأتيَ الحربُ عليها، يُحِبُّ عفاف ويُمْضي معها أجملَ سني عمرِهِ ويقترنُ بها سرًّا حتى إذا ما اختفَتْ فجأةً من حياتِهِ يعتزلُ الحياةَ ويُصابُ بالفالج... وهكذا، تتقاطعُ شخصيةُ الأبِ مع شخصيةِ الجَدِّ في الإقبالِ على متعِ الحياةِ وملاذِّها، وتفترقُ عنْها في ممارسةِ وظيفةِ الأبوّة. على أنّهُ لا بدَّ من ذكرِ ملاحظتيْنِ اثنتيْنِ تتعلّقانِ برسمِ هذهِ الشخصية: الأولى هيَ أنَّ عبدَ الرؤوفِ الطفلَ يُبْدي وعيًا طبقيًّا مبكّرًا ويَطرَحُ أسئلةً أكبرَ من عمرِه. فهلْ يستقيمُ ذلكَ مع عمرِهِ وكونِهِ غيرَ متعلّم؟ ثمَّ، أليسَ في ذلكَ إسقاطٌ على الشخصيةِ ما لا قِبَلَ لَها بِتَحمُّلِه؟ والثانيةُ هيَ أنَّ عبدَ الرؤوفِ الكهلَ يُخبرُ ابنتَهُ هدى حكايةَ حبِّهِ لعفاف ومغامراتِهِ مَعَها وَيَجِدُ لَدَيْها تَفَهّمًا وآذانًا مُصْغِيَة. فَهَلْ يستقيمُ ذلكَ معْ كونِهِ رجلاً شرقيًّا يَتَحَدَّرُ من بيئةٍ ريفيةٍ محافظة؟

الشخصيةُ الثالثةُ في الروايةِ هيَ شخصيةُ هدى، ابنةُ عبدِ الرؤوفِ وحفيدةُ عبدِ الغفور، وهيَ الشخصيةُ الأكثرُ حضورًا في الرواية، سواءٌ منْ خلالِ كونِها الراويَ الشاهدَ على الأحداثِ في الفصلَيْنِ الأوَّلِ والثالث، أوْ منْ خلالِ كونِها المرويَّ لَها في الفصلِ الثاني. وهدى متعلِّقةٌ بأبيها مُنْذُ الصِّغر. لذلكَ، تَأخُذُ على عاتقِها مهمَّةَ تجميعِ خيوطِ حكايتِهِ وجلاءِ الغموضِ الذي يُحيطُ ببعضِ محطّاتِها وترميمِ الفجواتِ فيها، فتتنكّبُ مشقّةَ الانتقالِ بينَ الأمكنةِ التي عرفَها، واللقاءِ بالأصدقاءِ الذينَ صادقَهُم، والحصولِ على الصورِ والمستنداتِ التي تُساعِدُها، والبحثِ عن سرِّ عفاف بعدَ عشرينَ عامًا على رحيلِها، حتى إذا ما توصَّلَتْ إلى تحقيقِ هدفِها تكونُ قدْ أدّتْ للأبوَّةِ قِسْطَها. وهدى تنخرطُ في علاقةِ حبٍّ مع بسّام تُسقِطُ عليها شيئًا من علاقةِ أبيها بعفاف، فيُعيدُ «التاريخُ» نفسَهُ ولو جزئيًّا. على أنّ ثمّةَ سؤالاً ما برحَ يُلِحُّ عليَّ، في هذا السياق، هوَ: أينَ تتقاطعُ ضحى الروائيةُ مع هدى الراويةِ في الرواية؟ وانطلاقًا من معرفتي بالروائيةِ وقراءتي في الرواية، أستطيعُ القولَ إنَّهما تتقاطعانِ في: كتابةِ الرواية، وممارسةِ الصحافة، واسمِ الأبِ والتعلُّقِ به، وعملِ الجدِّ والأب. فالروائي موجودٌ في روايتِه، شئْنا أمْ أبيْنا، ولوْ منْ وراءِ الأقنعة.

إلى جانبِ هذهِ الشخصيات، ثمّةَ أخرى تتعالقُ معَها سلبًا أوْ إيجابًا، وتُشكّلُ مجتمعةً الفضاءَ الروائي؛ فهناكَ عفاف الحبيبةُ الغامضة، وعائشةُ الأمُّ الصابرة، وعيّوشا زوجةُ الأبِ الخبيثة، ونورا العمّةُ القوية، وسعاد الجدّةُ القاسية، وخدّوج الزوجةُ اللامبالية، وفاطمةُ الأختُ الأم، والكواشريةُ الخالةُ الحنون، وعبدُ اللطيفِ الصديقُ الوفي، وأحمدُ الأخُ الأب، وسواها... وهيَ جميعًا تنتمي إلى الشريحةِ الاجتماعيةِ نفسِها، العالقةِ بينَ ريفٍ لم تَعُدْ فيه ومدينةٍ لم تُصبِحْ منْها، فهيَ مركَّبةُ الهُوية، مُلتَبِسَةُ الانتماء.

في روايتِها، تُكثِرُ ضحى الملِ من ذكرِ الأمكنةِ الروائية، وهيَ أمكنةٌ حقيقية، تُسمّيها بأسمائِها، وتَقَعُ معظمُها في طرابلس، وتتراوحُ بينَ الحاراتِ، والأحياءِ، والزواريبِ، والشوارعِ، والساحاتِ، والطلعاتِ، والعقباتِ، والدورِ، والمعالمِ الجغرافية... ما يَجْعَلُ منَ الروايةِ أطلسًا روائيًّا للمدينة، ويُوهِمُ بواقعيةِ الروايةِ وتاريخيَّتِها.

وبعدْ، لا بدَّ من «تمسيكِ» هذهِ العجالةِ بختامٍ عنْ الخطابِ الروائي في «زَنْدِ الحجر»، فَنُشيرُ إلى أنّ الملِ تَجمَعُ بينَ التقنياتِ الحديثةِ والتقليديةِ في خطابِها؛ فهيَ تستخدمُ تقنيةَ تعدُّدِ الرواةِ في علاقةٍ تعاقبيةٍ فيما بينَهُم وليسَتْ تزامنية. وتُحرّكُ السردَ وَفْقَ خطّيةٍ غيرِ متكسّرة،

بلْ متقطّعةٍ بفعلِ الفجواتِ الزمنيةِ غيرِ المردومة. وتُحدّدُ اتجاهَ الحركةِ بوقائعَ تُشكّلُ نقاطَ تحوّلٍ في مجرى الأحداثِ ومسارِ الشخصيات. والسردُ متنوّعٌ في المضمونِ حتى ضمنَ الصفحةِ الواحدةِ بحيثُ ينتقلُ من شخصيةٍ إلى أخرى، ومتنوّعٌ في الشكلِ بحيثُ يجري كسرُ نمطيّتِهِ بكلماتِ أغنيةٍ أو نداءاتِ باعةٍ أو خبرٍ صحفي. أمّا الحوارُ فيُزاوجُ أحيانًا بينَ المحكيةِ والفصحى في الموقفِ الحواري نفسِه، ما يجعلُهُ هجينًا. وحبّذا لو استخدمَتِ المحكيةَ في الحوار، فتُوهِمُ بواقعيتِه، وتَجعلُهُ ملائمًا العالمَ المرجعيَّ الذي تُحيلُ إليه الرواية. وهيَ تفعلُ ذلكَ كلَّهُ بلغةٍ روائيةٍ مناسبةٍ لهذا العالمِ بمستواها الوسطي بينَ الفصحى المقعّرةِ والمحكيةِ المستهلكة. وَتكثُرُ من التشابيهِ الطريفةِ والمبتكرة، فَتُشبِّهُ السروالَ الأبيضَ الداخلي براقصي المولوية (ص 51)، وَتُشبّهُ صوتَ عصا العمّةِ بالطبلِ الأفريقي (ص 73)، غيرَ أنّها تنحرفُ عن جادّةِ الطرافةِ والابتكار، وتَدخُلُ في الاستهجانِ حينَ تُشبِّهُ إسرائيلَ في تشدّدِها وتطرّفِها بأمّها...! وهيَ تستخدمُ صيغةَ الالتفاتِ البلاغيةِ في الفصلِ الثاني حينَ يلتفتُ الراوي الأبُ إلى ابنتِهِ بينَ فترةٍ وأخرى مخاطبًا إيّاها، في محاولةٍ منْهُ لجذبِ انتباهِها وشحذِ قدرتِها على الإصغاء...

بهذهِ التقنيات، تُثبتُ ضحى الملِ أنّها تمتلكُ أدواتِها السردية، وتستخدمُها بكفاءةٍ واضحة. وَرُغمَ أنّ «زَنْدَ الحجر» روايتُها الأولى، فهيَ عرفَتْ كيفَ تتجنَّبُ تعثّرَ البدايات، وتخطو خطوةً واثقةً على دربِ الروايةِ الطويل، سَتُعقِبُها خطواتٌ أخرى واثقة.

طارق بكاري
يفكّك الداعشية

«القاتل الأشقر» (دار الآداب) هي الرواية الثالثة للروائي المغربي طارق بكاري، بعد «نوميديا»، و«مرايا الجنرال». وهو يعرّي فيها الداعشية، بدءًا من آليات الالتحاق بها، مرورًا بممارساتها الوحشية، وصولاً إلى مآلاتها الحتمية. ويفعل ذلك من خلال الأحداث التي تنتظم الرواية، وتغطّي لحظة تاريخية ما نزال نشهد تداعياتها على غير صعيد. وهي أحداثٌ تتمحور حول شخصية قاتل محترف وشخصيات أخرى ترتبط به، بشكلٍ أو بآخر. وهي جميعها نتاج الظروف التي أنتجتها، وصنيعة التجارب التي عاشتها، وجعلت أخطر النوازع البشرية تطفو على السطح، وتُحوّل الإنسان إلى وحشٍ ضارٍ متحلّلٍ من الضوابط والقيم التي تحفظ إنسانيّته. فهل يريد الكاتب الذي يصدر عن منظور روائي يجعل من القتلة المحترفين ضحايا الظروف أن يمنح هذه الظاهرة الغريبة أسبابًا تخفيفية؟

في بدايات الرواية، يقول الكاتب على لسان الراوي: «طبعًا، ما كان لهذه الرواية أن تكون لولا حكاية الأشقر، لكن ما كانت لتكون لولا أنّني بادرت إلى اعتقالها بأسلوبي: أنا وهو شريكا هذه الخيبة، وشريكا هذه الأوراق» (ص 22). وهكذا، يرسم، منذ البداية، خطاطة الخطاب الروائي التي تقوم على معادلة واضحة. الطرف الأوّل فيها هو الراوي المشارك وليد معروف، الصحافي اللبناني الذي يلبّي طلب مجلة بريطانية لكتابة تقرير عن داعش، فيشكّل هذا الطلب نقطة البداية لحركة هذه الشخصية، ونقطة التحوّل التي تودي بها إلى مصير قاتم، في آن. والطرف الثاني هو المرويُّ عنه، المغربي الأشقر الذي تقوده تربيته ومسار حياته إلى احتراف القتل والمصير المجهول. على أنّ هذه القسمة بين راوٍ ومرويٍّ عنه ليست ثابتة، طيلة الرواية، فالراوي يتحوّل من شاهدٍ على الأحداث إلى مشاركٍ فيها، ومنخرط في حركتها، وراوٍ شكليٍّ لها، وضابط إيقاع لروي المرويِّ عنه، الذي يتحوّل بدوره، في سياق النص، إلى راوٍ فعليٍّ للأحداث التي عاشها أو كان شاهدًا عليها. وبذلك،

تقوم العلاقة بين الشريكين على تبادل الأدوار، على مسرح الرواية، ينجم عنه تعدّدٌ للرواة، وتنوّعٌ للمادة المروية وفضاءات الروي.

تشكّل الزنزانة المغربية التي يروي منها وليد معروف حكايته الفضاء الأوّل الخارجي للروي، وتشكّل الغرفة المعلّقة في البناء المتهدّم في كوباني التي يروي منها القاتل الأشقر حكايته الفضاء الثاني، المحتوى من الأول. وبذلك، يكون فضاء الروي، في الحالتين، مقفلاً، ضيّقًا، ومحدودًا. غير أنّه ينفتح على فضاءات واسعة للأحداث المروية تمتدّ على بلدانٍ عدة، وتغطّي لحظة روائية/ تاريخية تستغرق سنواتٍ طويلة.

في الفضاء الأوّل، يقول الراوي حكايته الحافلة بالإثارة والمحطّات الدرامية؛ فوليد معروف، الصحافي المولود، في قرية لبنانية متاخمة لمدينة صيدا، لوالدين أسرفا في تدليله، يبحث عن الاستثناء والتميّز، ويعمل مراسلًا لمجلّة بريطانية في الشرق الأوسط، وينخرط في علاقة حبٍّ مع مريم، زميلته الجامعية السورية، ويوشكان على الزواج. غير أن نزوعه إلى المغامرة يغيّر مساره ومصيره، فيقرّر الاستجابة لطلب المجلة كتابة تقرير ميداني عن «داعش»، ويحترم قرار حبيبته أن تقتنص فرصتها الصحافية، وتغطّي احتجاجات الربيع في بلدها سوريا، غير أن حساب بيدره لا يطابق حساب الحقل.

في إطار تنفيذ المهمّة التي كلّف بها، يتحوّل وليد من سكّير إلى ملتحٍ في جبّة بيضاء للتقرّب من التنظيم، غير أن آلية الانضمام إليه تتخطّى الشكل إلى الفعل، ويكون عليه أن يثبت أهليته بحضور «الأخ الأكبر»، القيادي في التنظيم، بارتكابه فعل القتل، فيفعل ذلك مكرهًا خشية أن يقع عليه الفعل. وتكون جريمته الأولى التي تنتهك عذريّته النفسية إطلاق النار على رأس امرأة لا يُسمح له رؤية وجهها لحرمة ذلك. القتل حلال أمّا رؤية الوجه فحرام. يا للمفارقة السخيفة! وتكرّ سبحة الجرائم التي يرتكبها حتّى يتحوّل إلى سيّاف مقنّع يقطع عشرات الرقاب، على مرأى من ملايين المشاهدين. وإذ يجد نفسه، بفعل التطوّرات، محاصرًا في غرفة معلّقة، على حافّة السقوط في كوباني، يصغي إلى حكاية القاتل الأشقر، ويسجّل تفاصيلها تمهيدًا لكتابتها، يؤدّي القصف إلى تهديم الغرفة، وغيابه عن الوعي، وإصابته، والقبض عليه. وهنا، تشفع لوليد بطاقته الصحافية، فتتم معالجته لأشهر في مستشفى ميداني تنتهي ببتر يده، يمضي بعدها سنةً يبحث عن حبيبته مريم في القرى والبلدات السورية، حتى إذا خاب بحثه يعود إلى لبنان عبر تركيا ليجد أن أمّه ماتت، وأنّه «خسر نفسه ولم يملك العالم».

وبعد سنة لبنانية، يُنفق فيها ما تركته الأم، وتعضّه الحاجة إلى المال، يلبّي طلب مجلّة أميركية أن يكتب لها تقريرًا عن الدعارة في المغرب، فيجدها فرصة مناسبة لاقتفاء أثر صديقه القاتل الأشقر في مدينته الأطلس المتوسط، حتى إذا ما علم «الأخ الكبير» بأمر خيانته، يرسل له فيلمًا يُظهر وجه المرأة التي قتلها، فيكتشف أنه قتل حبيبته مريم. وحين ينتشر الفيلم على وسائل التواصل الاجتماعي، يتمّ القبض عليه وإيداعه الزنزانة بانتظار تنفيذ حكم الإعدام فيه. وهكذا، تقول الحكاية الأولى آليات الالتحاق بتنظيم داعش، وإثبات الأهلية للانضمام إليه، والجرائم الوحشية التي يرتكبها، والعقل الشيطاني الذي يتحكّم بقادته، والازدواجية بين العقيدة والممارسة.

على أنّ ما يميّز شخصية وليد عن الشخصيات الأخرى هو أنّها اختارت الالتحاق بالتنظيم عن سابق وعيٍ وتصميم، ولم تفعل ذلك مكرهةً وبفعل الظروف، ودفعت غاليًا ثمن هذا الخيار. والمستهجن أنّ هذه الشخصية ترتكب الخطأ نفسه مرّة ثانية، وتُلدغ من الجحر نفسه مرّتين اثنتين، وتدفع ثمنًا أغلى.

في الفضاء الثاني، يقول القاتل الأشقر حكايته، وهي مزيج من وقائع قاسية يعيشها مع الراوي في الغرفة المحاصرة، المعلّقة، الآيلة إلى السقوط، يعاني ألم الرصاصة المبرّح في الساق ويقوم باستخراجها بنفسه، وذكريات قاسية يستعيدها ويرويها بنفسه ويتحوّل إلى راوٍ فعلي بعد أن كان مرويًّا عنه. وفي هذا الفضاء، يترجّح الأشقر بين جرحٍ جسدي مؤلم يحاول معالجته بالنبيذ والويسكي، وجرحٍ نفسي أشدّ إيلامًا يتعلّق بطفولته وشبابه ويحاول معالجته بالحكي في تقمّصٍ لدور شهرزاد، مع فارق أن المستهدف بالحكي هو نفسه وليس شهريارًا يحتاج إلى الترويض.

وإذا كانت الوقائع في هذا الفضاء تحدث في غرفة مغلقة تتعرّض للقصف، وفي يوم محدّد، وتتناول الآلام المبرّحة التي يعانيها الأشقر والعملية الجراحية التي يجريها لساقه وعلاقته بالراوي وليد في مواجهة خطر الموت، فإن الذكريات المستعادة تحدث في بلدان عديدة، وتمتدّ على سنوات عمر الأشقر، وتتناول نشأته في جحر بغاء لأمٍّ عاهرة، وحبّه الأول لشامة، رفيقة الطفولة التي نشأت في المكان نفسه لأمٍّ عاهرة بدورها، وتعرّضه للاغتصاب صغيرًا، وسجنه دفاعًا عن حبيبته، وقيامه بقتلها بعد الاشتباه بخيانتها له، ومطاردته من السلطات المغربية، وتيهه الأوروبي الجنسي، وتيهه الأفريقي الجغرافي، والتحاقه بداعش

وخوض المعارك معها ما يقرّبها من أمير الجماعة، وارتكابه جرائم القتل، وتنقّله بين النساء، على أنواعهن، ومقتل حبيبته الأخيرة ليلى أمام عينيه وقيامه بقتل أخيها دون أن يعرف ذلك، وسقوطه تحت أنقاض الغرفة دون أن يُعثر له على أثر. وهكذا، نرى أن هذه الشخصية التي تعاني عقد الأب المجهول والأم العاهرة والحبيبة المقتولة تلجأ إلى السفر والنساء والصحراء والإرهاب للتحرّر من تلك العقد غير أن هذا المسار الملتوي يقودها إلى مصير قاتم مجهول. ولعل الرسالة الروائية من وراء هذه الأحداث، بوقائعها والذكريات، هي أن البدايات الخاطئة التي تسلك سبلاً ملتوية تقود إلى نهايات قاتلة. ولعل مسارات الشخصيات ومصائرها ترهص بمسار الجماعة التي تنتمي إليها ومصيرها القاتم.

على أنّ هذه التحوّلات لا تقتصر على وليد والأشقر بل تتعدّاهما إلى الشخصيات الأخرى؛ فأمير الجماعة الملقب بـ«الأخ الكبير»، هو نتاج الظروف التي عاشها، المتمثلة بـ: قتل النظام أبيه، وفشله في الحب، وخيانة أمّه ذكرى الأب، وقيامه بقتل الأم، وانتقامه من صديق أبيه الخائن باغتصاب زوجته وأمّه، وتغليبه هاجس الانتقام الخاص على العام الذي يزعم الانشغال به، ونصب الفخ للراوي وليد منذ بداية العلاقة معه والإيقاع به في التوقيت المناسب. والأمر نفسه ينطبق على شخصيات أخرى، يجتمع فيها الضحية والجلّاد، والقاتل والقتيل، وهي صنيعة الظروف وصانعتها في آن.

إن المنظور الروائي يغلّب صورة الضحيّة على صورة المجرم في الملتحقين بالتنظيم الإرهابي الذي تتناوله الرواية. وهذا المنظور قد يكون صحيحًا في بعضه، حين يتعلّق الأمر بمن دفعتهم ظروفهم إلى الارتماء في أحضان الإرهاب، لكنه غير صحيح، وغير واقعي، في حلّه، لأنّ معظم الملتحقين يفعلون ذلك مختارين، وبكامل قواهم العقلية لأسباب تختلف بين الديني والمذهبي والسياسي والجنسي والشخصي...، ومن ثم، إنّ أي منظور روائي يمنح الإرهابيين أسبابًا تخفيفية، حتى في حالة كونهم ضحايا الظروف غير الإنسانية، هو منظور غير مقبول وينبغي إعادة النظر فيه. فليس ثمّة ما يبرّر أن تتحوّل ضحية الاستبداد إلى جلّاد الإرهاب.

وبمعزل عن المنظور الروائي في «القاتل الأشقر»، فإنّها رواية رشيقة، متماسكة، طليّة السرد، جميلة اللغة، تؤثر الجمل القصيرة والمتوسّطة ذات الظلال الأدبية الخفيفة، ما يجعل قراءتها محفوفة بالمتعة والفائدة.

فرح الحاج دياب
بين غرباء المدينة

على الرّغم من أنّ «غرباء بيروت» (منشورات الجامعة اللبنانية) هي الرواية الثانية لها، بعد أولى هي «ذاكرة الفينيق»، فإنّ فرح الحاج دياب تبدو متخفّفةً من تعثُّر البدايات، وتسير بخطًى واثقة في درب الرواية، وتبشّر بمواسم واعدة. وهي التي أصدرت روايتها الأولى في السابعة عشرة من العمر، وتدلف الآن إلى عشرينيّاتها بروايتها الثانية، تمتلك موهبة السرد، وتتقن حرفة الكتابة، وسيكون لها موقعها على خريطة السرد الروائي.

في «غرباء بيروت»، تتناول فرح حكايات شريحة من المهمّشين، الغرباء، المتحدّرين من أصول ريفية، ويعيشون على هامش المدينة أو في قاعها. لفظتهم القرى وسحقتهم المدينة. يتعاطون أعمالًا متواضعة، فنجد بينهم: سائق الفان، بائع الجرائد، معاون الكاراج، صبي الورد، بائع المناديل الورقية، الفتاة المتسوّلة، الطفل المتشرّد، «بنت الليل»، واللاجئ العجوز...، ولكلٍّ من هؤلاء حكايته التي تطول أو تقصر بحسب مقتضيات اللعبة السردية. والمفارق أن الكاتبة لا تطلق على معظمهم أسماء علم مكتفية بأسماء الجنس، في إشارة واضحة إلى انتشار هذه الشخصيات وكثرتها. ومن الطبيعي أن تؤدّي المسارات البائسة إلى مصائر قاتمة، تتراوح بين التشرد والانتحار والاحتراق والموت دهسًا والجنون.

هذه الحكايات التي تدور بين جسر الكولا والحمرا والحرش تحضر في الرواية، من خلال حكاية حنين، الطالبة البعلبكية التي تتابع دراستها الجامعية في بيروت، وتُوليها الروائية مهمّة الروي، فتروي حكايتها الرئيسية، والحكايات الأخرى الفرعية، من خلال شهادتها عليها أو انخراطها فيها، وتتمخّض عن هذه الحكايات مجتمعة بانوراما البؤس والغربة والحياة على هامش المدينة.

تشغل شخصية حنين دورًا محوريًّا في الرواية، سواءٌ من خلال قيامها بعملية الروي أو من خلال حكايتها الخاصة، والسلك الذي ينتظم هذه الحكاية يمتد من السطر الأول من الصفحة الأولى بالكلام على «نوبات شديدة متتالية» تداهمها إلى السطر الأخير من الصفحة الأخيرة حيث تدعوها الممرضة إلى الابتعاد عن الحافة والعودة إلى المصح. وبين الصفحتين الأولى والأخيرة، نتعرّف إلى حنين الطالبة الجامعية المتحدّرة من أسرة فقيرة، والمولودة لأبٍ عصامي يُضطرّ إلى العمل في الحصاد وصيد السمك والعصافير لتأمين رسم التسجيل في الجامعة، وأمّ تتفانى في خدمة أسرتها الصغيرة بعد رحيل الأب وتتحمّل ظلم ذوي القربى. ويكون عليها أن تنتقل إلى بيروت بالفان وتشهد على رعونة السائق ومروءته في آن وعلى بؤس الركّاب وحكاياتهم، وأن تحسّ بالغربة في سكنها الجامعي وتستعين عليها بصورة الأب الراحل التي تشدّ أزرها، وأن ترى عن كثب الظلم الاجتماعي يطلع لها من شوارع المدينة ومحطّة السيارات ووكالة عرض الأزياء، فتصدّر عن وعيٍ طبقيٍّ مبكّر ورثته عن الأب، وتطلق لعقلها النقدي الساخر العنان. وهكذا، تتشكّل المادة المروية من ملاحظات حنين في الباص، ويوميّاتها في السكن الجامعي، ومشاهداتها في المدينة، ومذكّرات الأب التي تصدّر بها الرواية. وإذ تتخذ الحكاية مسارًا أفقيًّا في معظم الرواية مؤلّفًا من مذكّرات الأب وملاحظات الراوية ويومياتها وذكرياتها وتخيّلاتها ومشاهداتها، فإن هذا المسار يبدأ بالتصاعد شيئًا فشيئًا مع قبول حنين التي تعاني اليتم والغربة والفقر التخلّي مؤقّتًا عن مبادئها، متأثرةً بإغراءات ماس، زميلتها في السكن، بهدف الحصول على المال لشراء منزل الأب الذي فقدته بفعل ظلم ذوي القربى لها ولأمها، لا سيّما وأنّ عملها في التدريس المنزلي يكاد لا يقوم بأود مصاريفها اليومية، فتقبل العرض المقدّم لها من وكالة عرض الأزياء التي تعمل فيها زميلة السكن.

غير أن الرياح تجري بما لا تشتهي سفينتها، فتكتشف أنّ الوكالة مجرّد واجهة لأعمال أخرى غير مشروعة يمارسها توفيق بك وشركاؤه من أثرياء الحرب، وأن وراء الأكمة ما وراءها، لكنّ حاجتها إلى المال تجعلها تنخرط في اللعبة حتى النهاية. وحين تكتشف، بعد حصولها على المال، أن المطلوب منها أن ترافق الرجل الغني ذي الشاربين الطويلين والحذاء الأسود اللامع إلى الفندق، تلجأ إلى الحيلة وتوهمه أن توفيق بك ينوي التخلص منه لأنه مدينٌ له بمبلغ كبير، فيقرّر الفرار، وتفرّ هي بدورها وتسعى إلى تغيير مكان سكنها، وتقوم

بشراء البيت، لكنها ما تلبث أن تعيده إلى البائع، في اليوم التالي، لتدفع تكاليف نقل جثة أخيها الذي مات في الخليج، وتشكّل هذه الواقعة نقطة تحوّل درامية مفاجئة لم ترهص بها حركة الأحداث. غير أنّ نقطة التحوّل الكبرى تكون حين تذهب إلى بيت تلميذها شادي، ابن أحد أثرياء الحرب، لتقبض مستحقاتها المالية، فتفاجأ أن والده هو توفيق بك الذي تهرب منه، فيقوم بتهديدها وطردها، ما يشكّل مفاجأة روائية غير متوقّعة. وتكون المفاجأة الأكبر في نهاية الرواية حين نكتشف أن حنين هي نزيلة مصح للأمراض النفسية. وهكذا، تمسك فرح الحاج دياب باللعبة السردية، وتنجح في مفاجأتنا من حيث لا نتوقع في غير نقطة تحوّل، وإن كانت الأقزام والأشباح التي كانت تراها الراوية وتتفاعل معها، سلبًا أو إيجابًا، في غير موضع من الرواية، تطرح صحّتها النفسية على بساط البحث. على أنّه لا بد من الإشارة إلى حضور الأب الكبير في حياة هذه الشخصية الراوية، سواءٌ من خلال مذكراته التي تستهلّ بها عملية الروي وتلعب دورًا تمهيديًّا للأحداث، أو من خلال ذكرياتها عنه، أو من خلال استحضاره في المفاصل الصعبة ليشدّ أزرها أو ليحول دون سقوطها. فتبدو مسكونةً به وأسيرةً لعقدته.

بالانتقال إلى الشخصيات الأخرى، الهامشية والمهمّشة، نشير إلى أنّ لكلٍّ منها مسارها البائس ومصيرها القاتم، ونحن نتعرّف إليها من خلال علاقة حنين بكلٍّ منها، سواءٌ من موقع الشهادة أو الصداقة أو التعاطف، «فكلُّ غريبٍ للغريب نسيبُ». وفي نظرة بانورامية سريعة، نرى: الطفل الأسمر الذي يقتحم الحافلة متسوّلاً تحت المطر. وبلال، العامل في موقف الحافلات، بحذائه المهترئ، وإحساسه الثقيل بذنب تجارة السلاح، خلال الحرب، الذي ينتهي منتحرًا عند جسر الكولا. وبائع الجرائد العجوز بعكّازه الحديدي ومنزله ذي الجدران التنكية المتكئ على طرف الجسر. والمتسوّلة العجوز التي تتّخذ من طرف الجسر بيتًا لها. والفتاة التي يجبرها والدها العاطل عن العمل على التحجّب والتسوّل، في آن، لإعالة أولاده العشرة وزوجاته الثلاث. واللاجئ الفلسطيني الستيني الذي يروي معاناة اللاجئين في مخيم شاتيلا حيث «المكان ضيّقٌ لدرجة أنّنا لا نجد فسحةً للموت»، فالبؤس لا جنسيّة له. وماس السورية، ضحية العقل الذكوري، التي منعها أبوها من التعلّم رغم تفوّقها، وأجبرها على الزواج من رجل أعرج يكبرها سنًّا، فتفرّ منه، وتلجأ إلى ممارسة حريتها الروحية بالسهر والجسدية بالعري، على حدّ تعبيرها، وتموت احتراقًا في شقتها. وفارس الذي يبيع الورود

في شارع الحمرا، ويقيم في مرآب، ويحلم أحلامًا أكبر منه، ويموت دهسًا. وسواهم من البؤساء الذين يضيق بهم هامش المدينة.

تكتب فرح الحاج دياب روايتها الثانية بلغة طازجة غير مستهلكة؛ وتتمظهر طزاجتها في: جِدّة الاستعارات، وطرافة التشابيه، والتعابير المداوِرة، والسخرية المرّة، والكاريكاتورية المضحكة، والصور الشعرية، والمقام لا يتسع للتمثيل على كلّ من هذه التمظهرات. وهي تنتقل بين المشاهد الروائية بسهولة ويسر ضمن الوحدة السردية الواحدة، والعلاقة بين الوحدات السردية المختلفة تتراوح بين السببية بحيث تُكمل الوحدة التالية السابقة لها، والاستقلال النسبي للوحدة الواحدة عن الأخرى. وفي الحالتين، ثمة وحدة عضوية تنتظم الرواية، وتمنحها شخصيتها الكلية. على أن الكاتبة تتقشّف، إلى حدٍّ ما، في استخدام تقنيات السرد المختلفة، ما يجعل البنية الروائية على قدر من البساطة المرغوبة.

«غرباء بيروت» رواية اجتماعية حافلة بالنقد الاجتماعي والسياسي والديني، وتعكس الفكر النقدي لكاتبتها بعيدًا من السقوط في درك التنظير، وينفتح المعيش فيها على المقروء فتقارن بين بعض شخصياتها وأخرى من روايات عالمية ما يشي بثقافة الكاتبة الروائية. وهي رواية رشيقة، جميلة، تشكّل خطوة واثقة أخرى في مسيرة فرح الحاج دياب الكتابية، وتجعلنا نتوقّع لها مستقبلاً واعدًا في عالم السرد الروائي. ولعلّ حصولها على «جائزة الطالب المبدع للعام 2018» من الجامعة اللبنانية مؤشّرٌ واضحٌ على إمكانية تَحَقُّقِ هذا التوقّع.

لطيفة الحاج قديح
في «آخر النفق»

منذُ قرنٍ ونيِّف، وبالتَّحديدِ في العام 1899، صدرَتْ في بيروت روايةُ «حسن العواقب أو غادة الزاهرة» للأديبةِ العامليةِ زينب فواز، فشكّلَتْ إحدى أوائلِ الرواياتِ العربية متقدّمةً على روايةِ «زينب» لمحمد حسين هيكل التي صدرَتْ في العام 1914 في القاهرة، بِخمسةَ عشرَ عامًا، معَ فارقٍ مهمٍّ هوَ أنَّ الأولى تجرَّأَتْ على وضعِ اسمِها الحقيقي على الروايةِ فيما لم يمتلكِ الثاني مثلَ هذهِ الجرأةِ، فَوَضعَ على روايتِهِ اسمَ «مصري فلّاح». وبذلكَ، تكونُ قدِ اجتهدَتْ وأصابَتْ، وكسبَتْ أجرَيِ الريادةِ والجرأة. وإذا ما علمْنا أنّ تلكَ الروايةَ النسائيةَ تضمّنَتْ إرهاصاتٍ بالروايةِ النَّسَويَّة، بما اشتملَتْ عليهِ من تأكيدٍ على حقِّ المرأةِ في الاختيارِ وحرِّيَّةِ الرأيِ في مجتمعٍ ذكوري، يُمكِنُ أن نُضيفَ إلى ريادةِ النوعِ الأدبيِّ ريادةَ المضمونِ النَّسوي. وهنا، لا بدَّ منَ التفريقِ بينَ مصطلحِ الروايةِ النسائيةِ الذي يَعْني ما تكتُبُهُ النساءُ بِصَرْفِ النظرِ عنِ المضمونِ الحكائي، ومصطلحِ الروايةِ النَّسَويَّةِ الذي يتناولُ موقعَ المرأةِ في المجتمعِ الذكوري.

منذُ «حسن العواقب»، الصادرةِ قبلَ مائةٍ وعشرينَ عامًا، راحَتِ الرواياتُ تَتوالى، حتى أصبحَ لدَيْنا مكتبةٌ روائيةٌ نسائيةٌ/ نَسَويَّة. واليومَ، تأتي الأديبةُ العامليَّةُ الأخرى لطيفة الحاج قديح لِتُضيفَ روايةً جديدةً إلى هذهِ المكتبة.

«آخِرُ النَّفَق» (دار الفارابي) هيَ الروايةُ السادسةُ في مسيرةِ قديح الروائيةِ التي باشرَتْها، منذُ تسعةَ عشرَ عامًا، بِروايةِ «مواويل الغربة». وبذلكَ، تَتوالى رواياتُها بِوتيرةِ روايةٍ واحدةٍ كلَّ ثلاثِ سَنوات. وإذا كانَتِ الموضوعةُ النَّسَويَّةُ تَشْغَلُ حَيِّزًا ملحوظًا في المشهدِ الروائيِّ العربيِّ لا سيَّما في ما تَكتُبُهُ النِّساء، وتَتَناولُ موقعَ المرأةِ في المجتمعِ الذُّكوريِّ خاصَّةً في بُعْدِهِ الاجتماعي، فإنّ «آخِرَ النَّفِقِ» تَتناولُ هذهِ الموضوعةَ من زاويةٍ مختلفةٍ هيَ زاويةُ المقاومة. وهذهِ الأخيرةُ تَتَقاطَعُ معَ النَّسويَّةِ في رفضِ الظلم؛ النَّسويَّةُ تَرْفُضُ الظُّلمَ الواقعَ على المرأةِ

من المجتمعِ الذكوري، والمقاومةُ تَرْفُضُ الظُّلمَ الواقعَ على الأمَّةِ منَ العدوِّ الإسرائيلي. وَبهذا المعنى، يَكونُ الاحتلالُ شكلاً من أشكالِ الذكوريَّةِ السِّياعسكريَّةِ تَنْبَغي مقاومتُهُ، كما تَكونُ الذُّكوريَّةُ شكلاً من أشكالِ الاحتلالِ الاجتماعي ينبغي التَّحرُّرُ مِنْه.

بالدُّخولِ إلى الرِّوايةِ من عَتَباتِها، نُشيرُ إلى أنّ خُمْسَ عناوينِ الوحداتِ السَّرديةِ السَّبعةِ والعشرينَ هوَ أقوالٌ مأثورةٌ أو أمثالٌ شعبيَّة، وأنّ حَوالي نِصْفِها يَنْطَوي على مضمونٍ مقاوم، كـ: «العين تُقاوِمُ المخرز»، «الاحتلال أسير انتفاضتين»، «الأرض السمراء»، «بيادر الطفولة»، «رحلة الألف ميل تبدأ بخطوة»، «ما أُخِذَ بالقوَّةِ لا يُستردُّ إلاّ بالقوّة»، «زينة الحياةِ الدنيا»، «الأم الحانية للنضال»، «وَصَلَ صوتكِ إلى الأممِ المتَّحدة»، «آخر النفق»، و«أمنية». وهذهِ العتباتُ تُحيلُ إلى عالَمٍ مرجعيٍّ ريفيٍّ، شعبي، تَحْكُمُهُ منظومةُ قِيَمٍ تَتَرَبَّعُ القِيَمُ الوطنيَّةُ على رأسِ سُلَّمِها، عَنَيْتُ بِهِ الجَنوبَ المقاوم.

بالانتقالِ منَ العَتَباتِ إلى المتن، نُشيرُ إلى أنَّ الروايةَ، على المستوى النَّصّي، تبدأُ بترحيلِ فاطمة علم، الشخصيَّةِ المحوريَّةِ فيها، إلى المعتقَلِ، في الثمانينيّاتِ من القرنِ الماضي، وتنتهي بجلسةٍ عائليَّةٍ في بيتِها، في أواخرِ العَقْدِ الأوَّلِ من القرنِ الحالي. وهيَ، على المستوى الحَدَثي، تَنفتِحُ على أزمنةٍ وأمكنةٍ أخرى، خارجَ البدايةِ والنهايةِ النَّصِّيَّتَيْنِ، مستخدمةً تقنيَّتَي الاسترجاعِ والاستقدامِ وغيرَهما. وتقولُ حكايةَ المرأةِ المقاومةِ الظُّلم، على الصعيديْنِ الاجتماعيِّ والسياعسكري، وتطرحُ المسألةَ النَّسويَّةَ منذُ الأسطرِ الأولى فيها. تَنقُلُ فاطمة، في مستهلِّ الروايةِ، ما تَسمَعُهُ من أقاويلَ وأسئلةٍ في محيطِها: «**أنتِ تُكثِرينَ الخروجَ منَ المنزلِ يا فاطمة! وما شأنُ النِّساءِ بالسِّياسة؟ وما شأنُكِ أنتِ بالتَّحرير؟ على المرأةِ فقطْ الاهتمامُ بِبيتِها وزوجِها وأولادِها!**» (ص 11). هذا الاستهلالُ يُشكِّلُ خارطةَ طريقٍ للحوادثِ الروائيةِ، وَيُحيلُ إلى عالَمٍ مرجعيٍّ، أبويٍّ، بطريركي. يَحصُرُ حركةَ المرأةِ في بيتِها، وَيُحَرِّمُ عليها الخروجَ منَ المنزلِ والتَّعاطيَ في الشَّأنِ العام. والروايةُ هيَ حكايةُ الخروجِ على هذا العالمِ وأحكامِهِ الذُّكوريَّة، من خلالِ حكايةِ فاطمة عَلَم، الشخصيةِ المحوريةِ فيها، الراويةِ والمرويِّ عنْها.

في الوقائعِ الحِكائية، فاطمة هيَ ابنةُ ميسِ الجبل تُولَدُ في حيفا، وَتَنشَأُ بينَ القريةِ، وحيِّ اللِّجى في بيروت، والعباسيةِ في الجنوب. ولعلَّ هاتيْنِ الولادة والنشأةَ هما ما يَفتحُ وَعْيَها المبكِّرَ على القضيةِ الفلسطينية، وعلى العَلاقةِ العُضْويَّةِ بينَ هذهِ الأماكنِ الروائية، على

المستويَيْنِ الاجتماعيِّ والجغرافي. وفي نظرةٍ سريعةٍ إلى حياةِ هذهِ الشخصيةِ ونظيراتِها، تُطالِعُنا جملةٌ من الوقائعِ التي يُمكِنُ تقسيمُها بينَ ممارساتٍ ذكوريَّةٍ تَقَعُ عليهِنَّ، وآليّاتِ دفاعٍ يَلْجَأْنَ إليْها في مواجهةِ هذهِ الممارسات، على الصعيدَيْنِ الاجتماعيِّ والسياعسكري.

على المستوى الاجتماعي، تَتَمَظْهَرُ الممارساتُ الذُّكوريةُ في جملةِ وقائعَ هيَ: حرمانُ فاطمة من التعلّم بسببِ جنسِها، تعَرُّضُها للصَّفعِ من أخيها أحمد كي تَقْبَلَ الخِطبةَ من ابنِ خالِها، إكراهُها على الزَّواجِ من حسيب، قيامُ الزَّوجِ بضربِها وتعنيفِها والسُّخريةِ من وطنيَّتِها، مخاصمتُهُ إيّاها لإنجابِها بنتًا، طَلاقُها منْهُ، حِرمانُها من حَضانةِ ابنتِها ورؤيةِ أولادِها، وغيرُها...، وفي مواجهةِ هذهِ الممارسات، تَرفُضُ ما يُفرَضُ عليْها، تُفضِّلُ حريَّتَها على الأسرِ الزَّوجي، تَتَحَمَّلُ قسوةِ الابتعادِ عنْ أولادِها، تَتَمَسَّكُ بِحقِّها في الخُروجِ والعملِ والتَّعلُّمِ والاختيارِ والحَياة، وَيَكونُ لَها ما تُريدُ.

على المستوى السِّياعسكري، تَتَمَظْهَرُ الممارساتُ الذُّكوريةُ في جملةِ وقائعَ هيَ: اعتقالُ الزوجِ عبدِالله، اعتقالُها هيَ والتَّحقيقُ معَها، تَعرُّضُها للتَّعذيبِ الجَسَديِّ والنَّفسي، اجتياحُ المُدُنِ والقُرى، اعتقالُ المقاومين، استباحةُ الأرض، هدمُ البيوت، ارتكابُ المجازر، وغيرُها...، وفي مواجهةِ هذهِ الممارسات، تَلْجَأُ فاطمة إلى كلِّ أشكالِ المقاومةِ مُسْتَنِدَةً إلى وعيِها الوطنيِّ والقوميِّ الحادِّ الذي تفتّحَتْ براعمُهُ مُبَكِّرًا في ربيعِ حياتِها؛ فَتَعْمَلُ في اللجانِ الوطنية، وَتُدافِعُ عن الفلسطينيِّينَ بالكلمةِ والموقف، وتَقومُ بِتَجْميعِ الناسِ وَتَحْريضِهِم وتَنْظيمِ التَّظاهُراتِ الاحتجاجية، وَتكتُبُ الشِّعارات، وَتُوزِّعُ المنشورات، وَتَبحَثُ عنِ السِّلاح، وَتدرُسُ المكان، وتُجنِّدُ الشُّبّان، وَتَبُثُّ روحَ الصُّمودِ داخلَ المعتقلِ بالحكاياتِ والذِّكريات، وغيرِها...، إلى أنْ يَتِمَّ الإفراجُ عنْها، وَيَكونُ لَها ما تُريدُ.

في الخطابِ الرِّوائي، يُمكِنُ الكلامُ على فضاءَيْنِ روائيَّيْنِ اثنيْنِ؛ الأوّل مُغْلَق نُمَثِّلُ عليْهِ بالشاحنةِ والمُعْتَقَلِ، والثاني مفتوح نُمَثِّلُ عليهِ بِالبيتِ، والفضاءانِ يَتَعاقَبانِ في الرِّوايةِ ولا يَتزامَنان. يَحْتَضِنُ الفضاءُ الأوَّلُ زمنَ الاعتقالِ ووقائعِهِ وما يستدعيهِ من ذكرياتٍ وحكاياتٍ تَلعَبُ دورًا تَعبَويًّا وَتَحُضُّ على المقاومةِ والصمودِ؛ ففاطمة التي تُقِلُّها الشاحنةُ إلى المُعْتَقَلِ معصوبةَ العينيْنِ تَلوذُ بِذاكرتِها تَسْتَمِدُّ منْها ذكرياتِ نضالِها، وَتَعْكُفُ على داخلِها تَسْتَخْرِجُ منْهُ ما تُواجِهُ بِهِ الخارجَ. وَهكَذا، تَقومُ عَلاقةٌ جدليةٌ بينَ الوقائعِ القاسيةِ والذكرياتِ الداعمةِ تُؤَدِّي إلى توازنِ الشخصيةِ وعدمِ انهيارِها.

الفضاءُ الآخرُ المُغْلَقُ هوَ الزنزانةُ في سِجْنِ الرَّملةِ الذي يَحْتَضِنُ زمنَ الاعتقالِ بدورِهِ، وَيُرْخي على السَّجيناتِ بِوقائعَ قاسية، فَيَتَّخِذْنَ منَ الحكيِ آليَّةَ دفاع. تَرْوي كلٌّ منْهُنَّ حكايتَها باختصار، غيرَ أنَّ فاطمة تَسْتَأْثِرُ بِالحيِّزِ الأكبرِ منَ الحكيِ، فَتَسْتَعيدُ سيرتَها الذاتيةَ/ النضاليةَ، تَسْتَمِدُّ منْها القوَّةَ وَتَمُدُّ بِها الأخرياتِ. وهكذا، تِتوالى جَلْساتُ الحكيِ في الزنزانةِ، وَتُوَسِّعُ المكانَ، وَتَفْتَحُهُ على آفاقَ رحبة. فاطمة تَحْكي والأخرياتُ يُصْغينَ وَيَطْرَحْنَ الأسئلةَ المحفّزةَ على الحكيِ، فَكَأَنَّنا، بِشكلٍ أوْ بِآخَرَ، إزاءَ نُسْخَةٍ مُعاصِرَةٍ من «ألف ليلةٍ وليلة»، تَتَّخِذُ منَ الوقائعيِّ وليسَ المتخيَّلِ مادَّةً لَها، تَقومُ فيها فاطمة بِدورِ شهرزاد، وَتَقومُ السَّجيناتُ الأُخْرَياتُ بِدورِ شهريار. على أنَّ وظيفةَ الحكيِ، في هذهِ النُّسخةِ، مغايرةٌ، ففيما هدفَتْ شهرزادُ إلى ترويضِ شهريار وشفائِهِ من عُقَدِهِ النفسيةِ بِواسطةِ الحكيِ، تَهْدُفُ فاطمة، عن قصدٍ أوْ غيرِ قصد، إلى بثِّ روحِ المقاومةِ وَتَعْزيزِ الصُّمودِ في أَنْفُسِ السَّجيناتِ. وظيفةُ الحكيِ في «ألفِ ليلةٍ وليلة» علاجيَّةٌ، بينَما وظيفتُهُ في «آخِرِ النَّفَقِ» تَعْبَويَّة.

أمّا الفضاءُ المفتوحُ فَنُمَثِّلُ عليْهِ بِبيتِ فاطمة بعدَ الخروجِ منَ المُعْتَقَلِ، وَهوَ يَحْتَضِنُ زمنَ التَّحريرِ، وَوقائعَهُ الجميلةَ، وَذكرياتِ الاعتقالِ القاسيةِ، في نوعٍ منِ انقلابِ الوظائفِ الروائيةِ لِلتِّقنيّاتِ المختلفة، تِبْعًا لِتَغيُّرِ الفضاءِ الروائي؛ في الزنزانةِ كانَتِ الوقائعُ قاسيةً والذكرياتُ جميلة، بينَما في البيتِ أصبحَتِ الوقائعُ جميلةً والذكرياتُ قاسية، حتى لَكَأنَّ الفضاءَ يَفرُضُ هُويّتَهُ على الناسِ والحوادث. وهكذا، تجتمعُ الأسرةُ في بيتِ فاطمة، وقدْ شَطَّ بِها الزَّمَنُ عنْ تاريخِ الاعتقال، وَيَتَناوَبُ على الحكيِ، على مَسْمَعِ الأولادِ والأحفاد، فاطمة وَأُمُّها الثَّمانينيَّةُ صُبْحِيَّة التي تَسْتَأْثِرُ بِالحيِّزِ الأكْبرِ من الحكيِ. هما تَحْكِيانِ، والأولادُ والأحفادُ يُصْغونَ وَيَسْألونَ. وَهُنا، يَتَّخِذُ الحكيُ دورًا تربويًّا تَعْبَويًّا، فَيَنْقُلُ الأجدادُ والآباءُ للأولادِ والأحفادِ حكاياتِ البطولةِ والمقاومةِ ورفضِ الظلم. وإذا كانَ الشَّكلُ الذي يَتِمُّ فيهِ الحكيُ في الزنزانةِ يَقْتَرِبُ منْهُ في الليالي الألف، فإنَّ الشَّكلَ الذي يَتِمُّ فيهِ الحكيُ في البيتِ يَقْتَرِبُ من ذاكَ الذي يُمارِسُ فيه الحكواتي الشَّعبي وظيفتَه. على أنَّ المفارقَ، في هذا المَقام، هوَ أنَّ الفضاءَ الثانيَ المفتوحَ شَكّلَ مادَّةً لِلحكيِ في الفضاءِ الأوَّلِ زَمَنَ الاعتقال، بينَما شَكّلَ الفضاءُ الأوَّلُ المُغْلَقُ مادَّةً لِلحكيِ في الفضاءِ الثاني زَمَنَ التَّحْرير.

إلى ذلكَ، يَبْقى الكلامُ على الخطابِ الرِّوائيِّ في «آخِرِ النَّفَقِ» ناقصًا ما لم نَتَوَقّفْ قليلاً عندَ رسمِ الشَّخصيَّةِ المحوريَّةِ في الرواية، فَعلى الرَّغمِ منْ قدرةِ هذهِ الشَّخصيَّةِ على الرُّسوخِ

في الذاكرةِ الجماعيةِ لارتباطِها الوثيق بالعالمِ المرجعيِّ الذي تَتحَدَّرُ منهُ وَتُحيلُ إليْهِ، فَإنَّ ثمّةَ هَناتٍ تَعْتَورُ رسمَها، فَإذا كانَ وعيُها السياسيُّ الذي يَتّخِذُ لَبوسَ الوعيِ الوطنيِّ والقومي، في بداياتِ الرِّوايةِ ونهاياتِها، بِحُكْمِ ولادتِها في حيفا، ونَشْأتِها في ميس الجبل، وتَمَرّسِها بالنِّضالِ في بيروت، ومعاصرتِها صغيرةً النكبةَ الفلسطينية، وكبيرةً العملَ الفدائي، يُشَكّلُ أمرًا طبيعيًّا، فإنَّ اتّخاذَ الوعيِ الاجتماعيِّ لَبوسَ الطائفيةِ والحزبيةِ، في أواسطِها، يَنْحَرِفُ بهذهِ الشَّخصيَّةِ عن مسارِها الطبيعيِّ المنسجمِ مع منطلقاتِها وأهدافِها. ناهيكَ بانزلاقِها إلى دَرْكِ التَّبشيرِ الأيديولوجيِّ طائفيًّا وحزبيًّا، في بعضِ المشاهدِ الرِّوائيَّة، الأمرُ الذي يَنْتَقِصُ من روائيّتِها، إلى حَدٍّ ما.

وبعد، لعلّ الدرسَ المزدوجَ الذي تُقدّمُهُ لطيفة الحاج قديح في «آخرِ النفق» هوَ أنَّ آخرَ نفقِ المقاومةِ هوَ تحريرُ الأرض، وآخرَ نفقِ النَّسويَّةِ هوَ حرِّيَّةُ المرأةِ/ الإنسان. والتَّحريرُ والحُرِّيَّةُ وجهانِ لعملةٍ واحدة.

محمد إقبال حرب
على ألسنة الطيور

منذُ ثلاثةَ عشرَ قرنًا، قامَ عبدُالله ابنُ المقفّعِ بتعريبِ كتابِ «كليلة ودمنة» عن الفارسيّةِ بعدُ أن كانَ قدْ تمَّ تفريسُهُ عن الهنديّةِ، كما تقولُ مصادرُ التاريخِ الأدبي. وهوَ كتابٌ سرديٌّ يَنسِبُ فيه مؤلّفُهُ الحوادثَ إلى عالمِ الحيوانِ، في نوعٍ من التقيّةِ الأدبيّةِ، إزاءَ السّلطةِ القائمةِ، فيقولُ ما يريدُ في شؤونِ السّلطةِ والحكمِ، دونَ أنْ تترتّبَ عليهِ أيّةُ مسؤوليّةٍ. ومع هذا، تتمُّ محاكمةُ نوايا ابنِ المقفّعِ، ويُقتلُ بتهمةِ الزندقة.

اليوم، وبعدَ بضعةَ عشرَ قرنًا، يضعُ محمد إقبال حرب كتابَهَ «الحقيقة» (منشورات ضفاف)، ويتّخذُ من عالمِ الطيورِ شخصيّاتٍ روائيّةً، ويَنسِبُ لها أفعالاً وأقوالاً، ويقولُ على ألسنتِها ما يريدُ، في نوعٍ من التقيّةِ الروائيّةِ، إزاءَ «السّلطاتِ»، على أنواعِها، لأنّنا، بعدَ كلِّ هذهِ القرونِ، ما نزالُ نراوحُ مكانَنا، وما يزالُ قولُ «الحقيقةِ» يُعرّضُ صاحبَهُ إلى المساءلةِ بتهمٍ جاهزةٍ، أقلُّها التّخوينُ، والتّكفيرُ، والتّعميلُ، والخروجُ على أحكامِ القبيلة، معَ ما يترتّبُ على ذلكَ من عواقبَ وخيمة. من هذا المستهلِّ، ندخلُ إلى «الحقيقةِ» لمحمد إقبال حرب عنوانًا ونصًّا.

في العنوانِ، تتراوحُ تمظهراتُ «الحقيقةِ» في النصِّ بينَ التّحييثِ والتّجريدِ، وتختلفُ باختلافِ طرفَيِ النزاعِ؛ فهيَ العثورُ على العصفورةِ الدّسيسةِ واكتشافُ الخائنِ، من وجهةِ نظرِ أحدِ الطرفَيْنِ، وهيَ كشفُ المتآمرينَ، من وجهةِ نظرِ الطّرفِ الآخرِ. وهيَ الإرادةُ والعملُ الدؤوبُ، برأيِ حاكمِ الدّجاجِ الطّبيعي. وهكذا، ليسَ ثمّةَ مفهومٌ واحدٌ للحقيقةِ في الروايةِ، والجميعُ يستخدمُ الدّالَّ نفسَهُ للتعبيرِ عن دوالَّ مختلفة.

في النصِّ، تُشكّلُ حادثةُ سقوطِ العصفورةِ المهاجرةِ، عن سطحِ العريشةِ، مضرّجةً بدمِها، بينَ زمرةِ الدّجاجِ الملوّنِ، إثرَ إصابتِها بطلقةِ صيّادٍ، البدايةَ الحدثيّةَ للروايةِ، التي

يترتّبُ عليها قيامُ الدّيكِ سهم حاكمِ الدّجاجِ وطبيبتِهِ بالعنايةِ بها، ووضعُها في مكانٍ آمنٍ متخطّيينِ فوقيّتَها وعُنْجُهيّتَها، ما يؤدّي إلى استلطافٍ متبادَلٍ بينَ الدّيكِ والعصفورةِ، يتطوّرُ إلى علاقةِ حبٍّ في مرحلةٍ لاحقة. وإذْ تُشارفُ العصفورةُ الإبلالَ من جرحِها، يقومُ بعضُ المشبوهينَ بإنزالِ الأذى بها، فتختفي فجأةً من المكانِ، ويشكّلُ اختفاؤها الغامضُ نقطةَ تحوّلٍ جديدةً في مجرى الأحداثِ، يكونُ لها ما بعدَها من بحثٍ، وتحرٍّ، وانقسامٍ في جماعةِ الدّجاجِ بينَ: الدّجاجِ الطّبيعيِّ الملوّنِ من أهلِ الأرضِ الشّرعيّينَ، والدّجاجِ الصّناعيِّ الأبيضِ الطّارئ عليها، ويروحُ الانقسامُ يتطوّرُ بينَ الفريقَيْنِ، يغذّيهِ بعضُ الطّارئينَ بالتّواطؤِ معَ بعضِ المقيمينَ، وتُستخدَمُ فيهِ الأسلحةُ، الإعلاميّةُ والدينيّةُ والسياسيّةُ والعسكريّةُ، حتّى المعركةِ الفاصلةِ التي ينتصرُ فيها الحقُّ على الباطلِ، والخيرُ على الشرِّ، في نهايةِ الروايةِ. باختصارٍ، إنّها لعبةُ صراعٍ على السّلطةِ تُستخدَمُ فيها جميعُ الوسائلِ، وتُبذَلُ دونَها أغلى التضحياتِ، ويَسقُطُ فيها صرعى كثيرون.

في غمرةِ الصراعِ، يكونُ لكلِّ فريقٍ قادتُهُ وجنودُهُ وأسلحتُهُ؛ يقومُ فريقُ الدّجاجِ الأبيضِ الصّناعي المعتدي بالتحضيرِ للانقلابِ على الفريقِ الآخرِ. يشاركُ في هذه العمليّةِ: زَعيمُ الدّجاجِ الصّناعي الحالمُ بالسّلطةِ، الحاقدُ على الدّجاجِ الطّبيعي، أبو الرّيشِ المتآمرُ على جماعتِهِ، المدرّسُ المزيّفُ، حفّارُ ابنُ حاكمِ الفريقِ الآخرِ المغرّرُ بِهِ، وآخرونَ. أمّا الأسلحةُ الّتي يستخدمُها الفريقُ المنقلبُ فَهِيَ: التآمرُ، الدّسُّ، التحريضُ، الاحتكارُ، التّجويعُ، القتلُ، القتالُ، الإشاعةُ، انتحالُ الصّفةِ، اختراعُ أسطورةٍ يُؤسّسُ عليها شرعيةً مفقودةً، اختلاقُ وقائعَ ثيولوجيةٍ كاذبةٍ لتبريرِ أفعالِهِ، اختراعُ عدوٍّ وهميٍّ يُضخّمُهُ لتعبئةِ أتباعِهِ وزجِّهِمْ في أتونِ المعركةِ، وغيرُها...

في المقابلِ، يقومُ فريقُ الدّجاجِ الملوّنِ الطّبيعيِّ المعتدَى عليْهِ، منْ خلالِ سهم/ صيّاح، حاكمِهِ الحكيمِ المنفتحِ على الآخرينَ من الطّيورِ، والهدهدِ العابدِ الناسكِ، وكتكوتِ المساعدِ المخلصِ، ونغم العصفورةِ الحبيبةِ، وآخرينَ، باكتشافِ المخطّطِ المعادي والدّفاعِ عن الأرضِ والسّلطةِ. ويستخدمُ أسلحةَ: المراقبةِ، التّخطيطِ، الشّورى، الحبِّ، التّدريبِ، تفنيدِ دعاوى الفريقِ الآخرِ وتفكيكِ أسطورتِهِ، الصّبرِ، الصّمودِ، القتالِ، وغيرِها...

وإذْ تنجلي المعركةُ النهائيّةُ عن انتصارِ الحقِّ على الباطلِ، يأتي نجاحُ الحاكمِ سهم/ صيّاح في تحدّي الطّيرانِ ليُشكّلَ مفاجأةً غيرَ متوقّعةٍ للفريقَيْنِ المتحاربَيْنِ، ويفتحُ نافذةَ أملٍ

للجيلِ الجديد. ويأتي استشهادُهُ متأثّرًا بجراحِهِ ليُعطيَ هذا الجيلَ درسًا في التّضحيةِ والدّفاعِ عن الوطنِ والحق. منْ هنا، يَنظُرُ ديكٌ يافعٌ في عينِ دجاجتِهِ، في نهايةِ الرِّوايةِ، ويقولُ: «سأطيرُ مثلَهُ وأحملُكِ إلى أعلى هذهِ السَّماءِ الصّافيةِ مثلِ عينِ الدّيك» (ص 151).

يفتحُ محمد إقبال حرب، من خلالِ روايتِهِ، الحكائيَّ الحيوانيَّ على الواقعيِّ الإنسانيِّ، ويُسقِطُ الخياليَّ على السّياسيِّ؛ فنقرأُ خلفَ الوقائعِ الرّوائيَّةِ المباشرة: التّدخُّلَ الخارجيَّ في الشُّؤونِ الدّاخليَّةِ، الصّراعَ العربيَّ الإسرائيلي، أسطرةَ الماضي وبناءَ الحاضرِ عليه، تزويرَ التّاريخِ لتبريرِ الواقع، زيفَ الزُّعماءِ وبلاهةَ العامَّة، تعليقَ الأخطاءِ على مِشجبِ الإرهاب، استخدامَ الدّينِ لإذكاءِ الصّراع، تأثيرَ الإشاعاتِ في خياراتِ النّاس، خطورةَ الدَّسِّ والتّآمرِ على وحدةِ الصَّف، العنصريَّةَ، تسخيفَ فكرةِ المنقذِ المُنْتَظَر، وحتميّةَ انتصارِ الحقِّ على الباطل، ولوْ بعدَ حين... وبذلكَ، لا يعودُ الحكائيُّ غايةً بذاتِه، رُغمَ ما يُحدثُه منْ مؤانسةٍ وإمتاع، بلْ يتحوّلُ إلى وسيلةٍ لبثِّ الرّسائلِ السّياسيَّةِ في شتّى الاتجاهات، وقولِ ما يعتقدُ الكاتبُ أنّهُ الحقيقة.

يضعُ الكاتبُ روايتَهُ في سبعٍ وعشرينَ وحدةً سردية، يتراوحُ طولُ الواحدةِ منْها بينَ صفحةٍ وربعِ الصّفحة، في الحدِّ الأدنى، كما في الوحدةِ السّابعة، وأربعَ عشرةَ صفحةً، في الحدِّ الأقصى، كما في الوحدةِ الرابعةَ عشرة. وفي قراءةٍ إحصائيَّةٍ سريعة، يتبيّنُ لنا أنَّ السَّردَ يطغى على الحوارِ في 15٪ من هذهِ الوحدات، وأنّ الحوارَ يطغى على السَردِ في 26٪ منْها، وأنّهما يتوازنانِ في 59٪ منْها، ما يشيرُ إلى غلبةِ الحوارِ على معظمِ الرّواية. يقومُ السّردُ بوظائف: التمهيدِ للوحدة، الرّبطِ بينَ الحوار، رسمِ إطارِ الحوادثِ وخلفيّةِ المشهدِ الرّوائي، وتذييلِ الوحدة. ويتمُّ كسرُ نمطيّتِهِ أحيانًا بحكايةٍ أو خُطبة. ويُشكّلُ الحوارُ إطارًا رشيقًا لنموِّ الحوادث، ويدخلُ في عِلاقةٍ جدليّةٍ مع السَّرد في الوحداتِ المتوازنة. على أنّ العِلاقةَ بينَ الوحداتِ المتعاقبةِ هيَ عِلاقةٌ خطّيّةٌ تمضي فيها الحوادثُ قُدُمًا وفقَ الآليّةِ التي تَحدُثُ فيها في الحياة، ما يجعلُ النّصَّ أقربَ إلى الحكايةِ منْهُ إلى الرّوايةِ وما تقتضيهِ من تقنيّاتٍ سرديّةٍ متنوّعةٍ ومسارٍ زمنيٍّ متكسّر. وهذا لا ينتقصُ من «الحقيقة»، في شيء. ومَنْ قالَ إنّ الحكايةَ أقلُّ شأنًا من الرّواية؟ لا سيّما أنّ الكاتبَ عرفَ كيفَ يثيرُ فضولَنا منذُ الوحدةِ السَّرديَّةِ الأولى، ويُمسكُ بتلابيبِ القارئِ حتّى نهايتِها، ويدغدغُ فينا مَيْلاً فطريًّا إلى سماعِ الحكاياتِ أو قراءتِها. وهوَ يفعلُ ذلكَ بلغةٍ روائيّةٍ رشيقةٍ، أنيقةٍ، تجنحُ إلى المبالغةِ في بعضِ الاستعاراتِ (ص 12) والتشابيه (ص 16).

بالعودةِ إلى الشّخصيّاتِ الرّوائيّةِ، ينجحُ الكاتبُ، بشكلٍ عامٍّ، في رسمِ الشّخصيّاتِ بما يتناسبُ مع طبيعةِ كلٍّ منْها؛ غيرَ أنّهُ، في مرّاتٍ قليلةٍ، يُجانبُهُ النّجاحُ، فَينسِبُ إلى الشّخصيّةِ ما لا يَصِحُّ صدورُهُ عنْها من قولٍ أو فعلٍ؛ فَتَراجُعُ الحاكمِ عنْ وجهةِ نظرِهِ أمامَ ابنِهِ الّذي يُشكّكُ فيهِ ويتآمرُ عليْه، ومنْ خلفِهِ المدرّسُ، لا يستقيمُ معَ دورِهِ كحاكمٍ (ص 84). واستدعاءُ الزَّعيمِ إلى اجتماعٍ مِنْ قِبَلِ مَنْ يُفترَضُ أنَّهُمْ خاضعونَ لزعامتِهِ لا ينسجمُ معَ دورِهِ كزعيمٍ (ص 104). وتساؤلُ أبي الرّيشِ عن تأخُّرِ الزَّعيمِ بلهجةٍ تنطوي على اللّومِ وتحميلِ المسؤوليّةِ لا يتناسبُ معَ كونِهِ خاضعًا لسلطتِهِ ومتواطئًا مَعَهُ، ويُمثّلُ تجاوزًا لحدِّه: «نظرَ فجأةً وبعينِهِ اليُسرى إلى المدرّسِ قائلًا: أينَ الزّعيمُ ألا يَجدُرُ بهِ أنْ يكونَ هنا الآنَ؟» (ص 104).

في السّياقِ نفسِهِ، تُقدّمُ الرّوايةُ صورةً سلبيّةً عنْ مهنةِ التّدريس، منْ حيثُ يَقصِدُ الكاتبُ أو لا يَقصِدُ، سَواءٌ على مستوى النّصِّ أو بناءِ الشَّخصيَّة؛ على المستوى الأوّلِ، يقولُ الحاكمُ مخاطبًا المدرّسَ: «ما أنتَ إلاّ مدرّسٌ فلا تُعطي لنفسِكَ أهمِّيَّةً تُذكَرُ، ولا تَزُجَّ نفسَكَ في مسائلِ الحُكْمِ» (ص 41). وَغَنِيٌّ عنِ التّعبيرِ ما في هذا القولِ من فوقيَّةٍ وتحقير. وعلى المستوى الثّاني، تَنسِبُ الرّوايةُ إلى المدرّسِ الدَّسَّ والافتراءَ والتَّضليلَ والتَّغريرَ والإخبار، ما لا يتناسبُ معَ أهمِّيَّةِ مهنةِ التَّدريسِ وتاريخِها، وإنْ وردَ ذلكَ في حالةِ انتحالِ الشّخصيّة.

وعلى الرُّغمِ منْ هذهِ الهَناتِ الهيّناتِ، تبقى «الحقيقةُ» حكايةً جميلةً، ممتعة، ومعبّرة. يَجدُ فيها الباحثُ عنِ المتعةِ والتّسليةِ ضالّتَهُ، وَيَجِدُ فيها الباحثُ عنِ الفائدةِ والعِبرةِ غنيمتَهُ، ولن يَعودَ قارئُها منَ الغنيمةِ بالإيابِ، غيرَ أنَ أكثرَ ما يُوجِعُ كاتبَها وقارئَها، على السَّواءِ، هوَ أنْ يُضطرَّ الأوَّلُ إلى التَّعبيرِ عنْ أفكارِهِ على ألسنةِ الطُّيورِ، في القرنِ الحادي والعشرينَ، وأنْ يُضطرَّ الثّاني إلى مجاراتِهِ والتواطؤِ معَهُ، فنحنُ ما نزالُ في زمنِ الدّجاجِ والدُّيوكِ، وكلُّ ديكٍ على مَزْبَلَتِهِ صيّاح».

محمود الورواري
بين الماضي والحاضر

إضاءة الحاضر من خلال الماضي هي ما يقوم به الاعلامي والروائي المصري محمود الورواري في روايته الجديدة «خريف البلد الكبير» (الدار المصرية اللبنانية). وهو يجعل لكلٍّ من الزمنين حكايته الخاصّة، وتتناوب المشاهد الروائية لكلٍّ من الحكايتين على إشغال مساحات السرد، في الشكل. أمّا في المضمون فنحن أمام حكايتين منفصلتين في الزمان والمكان والمواصفات والنوع الروائي، غير أنهما تتقاطعان في أنّ بطل الحكاية الأولى وراويَها يقوم بالاطلاع على الحكاية الثانية وقراءتها، وهذا تقاطع شكلي. ويقوم بإسقاط الماضي على الحاضر، وهذا تقاطع يتعدّى الشكل إلى البحث في وظيفة الماضي وتأثيره في الحاضر.

في حكاية الحاضر، يطالعنا صعود فرد يتحدّر من خلفية ريفية متواضعة ليشغل موقعًا دبلوماسيًّا متقدِّمًا في دولة كبرى، ومن ثمَّ عودته إلى أصوله وطبيعته الأولى جرّاء مؤثّرات خارجيّة وداخليّة. بينما في حكاية الماضي، يطالعنا صعود بلد كبير، بدءًا من مرحلة التأسيس، مرورًا بمرحلة الازدهار، وصولًا إلى الانهيار بفعل تدخّل خارجي وخيانة داخلية. وهكذا، نكون أمام مسارين سرديّين، فردي يعكس الوضعية العامّة للدولة والمجتمع، وجماعي يصنعه الأفراد ويترك تأثيره على كلٍّ منهم. والمساران يتناوبان في الشكل، ويتقاطعان في المضمون.

على المسار الأوّل، يُسند الكاتب إلى بطل المسار، السفير رشدي الشيخ، مهمّة روي حكايته، فنقرأ فيها تحدّره من بيئة ريفية متواضعة. يدفعه طموحه الكبير إلى التخلّي عن طبيعته وعفويّته وبراءته، واصطناع شخصية أخرى. يترك خلفه حبّه الأوّل واهتماماته المسرحية وقريته، ويتوخّى شتّى السبل للصعود بما فيها الزواج من ابنة دبلوماسي نافذ. يخرج من جلده ليتحصّن بجلود إسمنتية. يعبّر عن هذه التحوّلات المصطنعة بالقول: «كالعادة ضحّيتُ بالمسرح ضمن ما ضحّيتُ به من أجل أن أكون ما أنا عليه الآن، أكون مسجونًا في بدلة أنيقة

ومنصب متحجّر، أتحدّث بما يريدونني أن أتحدّث به. حتى رأيي الشخصي لا أستطيع البوح به ولو لابنتي...» (ص 14). وهكذا، نرى كيف أن المنصب يمكن أن يمتهن إنسانية الإنسان، ويحوّله إلى مجرّد أداة متحجّرة، تغدو أسيرة الكرسي والمظاهر الفارغة المتعلّقة به. وإذا كان صعود هذه الشخصية يتكشّف عن طموح مرَضي وانتهازية واضحة وجوع مزمن إلى السلطة، فإنّ عودتها إلى طبيعتها تقترن بتضحيات كبرى، بينها المنصب والزوجة والشقّة الباريسية، وتتمخّض عن صفات أخرى إيجابية للشخصية.

على أنّ هذه العودة إلى الأصول تتمّ بفعل عدّة عوامل، خارجية وداخلية، متزامنة؛ فصدور قرار بنقل السفير رشدي الشيخ إلى الإدارة المركزية، ووقوفه أمام النيل، ولقاؤه بفاطمة ابنة حبيبته الأولى التي تخلّى عنها لتحقيق طموحه الكبير، ولقاؤه بسليم زميل الدراسة الجامعية الذي يسلّمه صندوقًا خشبيًّا يحتوي على لفافات جلدية عليها كتابات قديمة، هذه العوامل جميعها تدفعه إلى التخلّي عن بدلته الإسمنتية والعودة إلى رشدي القديم. ومن خلال هذا المسار الفردي، الواقعي، تطلّ الرواية على الحاضر المصري، في علاقة المواطن بالسلطة، وما يعتورها من اختلالات، بينها: استخدام الشفاعات للوصول، التقرّب من ذوي النفوذ للحصول على المواقع المتقدّمة، الهوّة الطبقية بين المسؤول والمواطن، قمع الحريات، الاعتقال التعسّفي، وغيرها...

على المسار الثاني، تشكّل اللفافات التي سلّمها سليم إلى رشدي، وأحالها الأخير إلى خبيري المخطوطات الدكتور عبد النبي الهادي والدكتور فرج البيّومي، الحكاية الثانية في الرواية. على أنّ ما يميّز هذه عن الأولى هو أنّها حكاية جماعية، متخيَّلة وليست واقعية، تجري أحداثها في زمن غير محدّد تاريخيًّا، وفي أماكن متخيّلة غير محدّدة بالاسم وإن وردت قرائن لفظية في النص تجعلنا نخمّن منطقة بعينها. غير أنّ اللافت للانتباه أنّ الحكم الذي تتناوله الحكاية لا يعمّر طويلاً، فما بناه الآباء يُضيّعه الأبناء بفعل التدخّل الخارجي والخيانة والانقسامات الداخلية. ولعلّ الكاتب أراد، من خلال هذه الحكاية، توجيه رسالة إلى الحاضر محذِّرًا من مغبّة التدخّل الخارجي والانقسام الداخلي، وخطورتهما على السيادة الوطنية.

في الحكاية الثانية، نقرأ قيام الشيخ الكبير وثلاثة من أعوانه بتأسيس وطن بين البحر والصحراء في وادٍ خصيب، وتوزيع المهام فيما بينهم، ونقل الأولاد الذكور إلى جزيرة للتدرّب على الصبر والصمود، وبناء سفينة أسطورية كبيرة، وعقد اتفاقات مع شيوخ البلدان

المجاورة... حتى إذا ما أخذ البلد يكبر ويزدهر، يلفت أنظار الغرباء الذين يسعون إلى بثّ الشقاق بين أبنائه تمهيدًا للسيطرة عليه. فيتّخذون من هادي ابن الشيخ الكبير، وراغب ابن الشيخ داود، وكلاهما رفض الانتقال إلى الجزيرة مع الذكور الآخرين لتعلّم الصبر والصمود، يتّخذون منهما مطيّتين لتحقيق أغراضهم، فيغرق هادي في «البيزنس» مع الغرباء ويبيعهم السلاح والمؤن والوقود، ويتلوّث راغب بالخيانة فيتدبّر قتل صامد، القائد المهاب، ويأتي بأصحاب المشاريع المشبوهة التي تشكّل اختراقًا للبلد، وتتفاقم الانقسامات بين أبناء البلد الواحد، وتنشب بينهم المعارك، ولا يتورّع فيها راغب عن قتل أبيه والتنكيل بأخته كي ينسب فعلته إلى الآخرين.

في غمرة ذلك، يبرز سيف ووهدان وجاسر مدافعين أشدّاء عن البلد، ويبرز راغب وهادي أداتين رخيصتين بأيدي الغرباء، ويستخدمان أساليب الدعاية المضلّلة لتلميع صورتيهما وتشويه صور الأبطال المدافعين، ويشكّلان حصان طروادة الذي يسيطر من خلاله الغرباء على البلد. غير أن الرهان على سيف الصغير في تطهير البلد منهم وإعادة إحيائه يشكّل رهانًا روائيًّا على المستقبل. وهكذا، تترك الحكاية الجماعية المتخيّلة تأثيرها على الأفراد، وترسم مصائرهم القاتمة.

في العلاقة بين الحكايتين، وإذا ما استثنينا أنّ راوي الحكاية الأولى يقوم بقراءة أوراق الحكاية الثانية، يمكن القول إنّنا إزاء حكايتين منفصلتين في رواية واحدة؛ غير أنّ الكاتب يربط بينهما من خلال توزيع المشاهد الروائية بينهما بالتناوب، ومن خلال انشغال بطل الحكاية الأولى جزئيًّا بتطوّرات الحكاية الثانية، الأمر الذي ينسحب على القارئ، فيغدو موزّعًا بين الحكايتين ومهتمًّا بما ستؤول إليه كلٌّ منهما. وعليه، تقوم العلاقة بين الحكايتين على: التوازي، والتعاقب، والتداخل، والانفصال، والاتصال، والإسقاط...، أي أنّنا إزاء شبكة علائقية معقّدة.

إلى ذلك، يستخدم الورواري تقنية تعدّد الرواة، وتنوّع صيغ الروي، فيُسند حكي الوقائع الحاضرة إلى راوٍ مشاركٍ هو بطل الحكاية الذي يروي بصيغة المتكلّم، ويُسند حكي الماضي الأسطوري الغرائبي إلى راوٍ عليم، فيفعل ذلك بصيغة الغائب في جميع اللفافات باستثناء الأولى. وهو يصطنع مسارًا متسلسلاً في الحكاية الأولى، وآخر متقطّعًا في الحكاية الثانية، ويراعي خطّيّة الزمن في المسارين.

بلغة سردية بسيطة، جميلة، تتّكئ على الجمل القصيرة والمتوسّطة، وتتجنّب تلك الطويلة المترهّلة، يصوغ الكاتب نصّه، فيجمع بين متعة السرد وجمال اللغة، ويوفّر لخطابه السلاسة السردية التي تقطعها حوارات رشيقة تراعي التوازن بين المعنى والمبنى، وتبتعد عن الخطابة والوعظ والأيديولوجيا.

بهذه المواصفات، يقدّم محمود الورواري رواية مستوفية شروط النوع الروائي، وينتقل بنا بين حكائية الماضي، وواقعية الحاضر، ومتعة السرد، ورشاقة الحوار، وجمال اللغة، فنعود من القراءة بغنيمتي المتعة والفائدة.

محمود عثمان
على شاطئ البحر

يشغل البحر حيّزًا مهمًّا في الرواية العربية، فقلّما يخلو بلد عربي من روائي أو أكثر اتّخذ من البحر موضوعًا روائيًّا، وهذا أمر طبيعي في منطقة تطلّ معظم بلدانها على البحر، وتتفاعل معه في أنماط العيش وأسباب الحياة، والرواية هي حصيلة تفاعل الإنسان مع المكان في زمان معيّن، وحسبنا أن نذكر، في هذا السياق، على سبيل المثال لا الحصر، نجيب محفوظ وإدوار الخرّاط من مصر، حنّا مينا وحيدر حيدر من سوريا، عبد الرحمن منيف من السعودية، جبرا إبراهيم جبرا من فلسطين، غائب طعمة فرمان من العراق، محمد زفزاف من المغرب، ليلى العثمان وطالب الرفاعي من الكويت، علي أبو الريش من الإمارات، وعبدالله بن محمد الطائي من عُمان، وغيرهم. على أن طريقة الاشتغال على البحر تختلف من روائي إلى آخر، وتتفاوت بين رواية وأخرى. ولعلّ آخر ما صدر في هذا الموضوع رواية «أرواد» للكاتب اللبناني محمود عثمان (منشورات ضفاف ودار الأمان).

يضع الكاتب روايته في خمس وثلاثين وحدة سردية رشيقة، قصيرة أو متوسّطة، بحيث يبلغ طول الوحدة صفحة واحدة، في الحدّ الأدنى، وست صفحات، في الحدّ الأقصى، على أنّ العلاقة بين الوحدات المتعاقبة لا تقوم على التعاقب الزمني بقدر ما تقوم على التداخل، وربّ واقعة متقدّمة في حياة الشخصية ترد في وحدة سردية متأخّرة، والعكس صحيح.

في روايته، يتناول محمود عثمان «حكاية القبطان مصطفى البطريق»، كما يشير العنوان الفرعي للرواية، وهو يفعل ذلك، من خلال مجموعة لقاءات بين الراوي العليم الذي يسند إليه عملية الروي، ويتّخذ منه قناعًا له، وبين القبطان، البطل شبه الوحيد للرواية، والراوي المشارك في بعض الوحدات السردية. وهي لقاءات كانت تتم، غالبًا، في مقهى بحري في منطقة الميناء الطرابلسية، ونادرًا، في رحلات بالسيارة يقوم بها الاثنان. على أنّ العلاقة التقنية بين الراوي العليم والشخصية تقوم غالبًا على جدلية الإصغاء والتكلّم؛ فمن جهة،

ثمّة راوٍ يصغي ويحاور أحيانًا. ومن جهة ثانية، ثمّة شخصية تروي حكايتها. وهكذا، نكون أمام بنية روائية بسيطة تناسب بساطة الحكاية المرويّة. على أن ما ترويه الشخصية هو خليط من الذكريات، والوقائع، والمغامرات، والآراء المتفرقة، في البحر والناس والحياة. هذا الإطار الروائي البسيط الذي يصطنعه الكاتب يوفّر للرواية قدرًا كبيرًا من الرشاقة والسلاسة والسهولة، يجعل قراءتها محفوفة بالمتعة.

بالعودة إلى الحكاية التي يرويها الراوي مستندًا إلى الشخصية، على دفعات متعدّدة بعدد الوحدات السردية، دون التزام بتسلسل زمني لوقوع الحوادث، تطالعنا: ولادة البطل لأب أروادي سوري وأمٍّ طرابلسية لبنانية، تنقّله صغيرًا بين أعمال مختلفة، فقدانه العذرية مبكّرًا حين تتّخذه زوجة «معلّمه» عشيقًا لها، تدرّجه في المناصب البحرية حتى يصبح شريكًا في ملكية سفينة، مغامراته الغرامية في مرافئ العالم، أخطار البحر التي يتعرّض لها، ابتعاده شبه الدائم عن أسرته، سجنه، صدمته بوفاة ابنته، احتجاز سفينته من البحرية الإسرائيلية، تعاطيه التهريب...، إلى ما هنالك من وقائع يستعيدها القبطان على مسمع من صديقه الراوي الذي يتكفّل يرويها.

على الرغم من أن مصطفى لم يسبق له أن دخل مدرسة: «لم يرسلني أبي إلى المدرسة. ولم ألبس مريولاً أزرق مثل الذي يلبسه أترابي. لم يصحبني إلى جامع أو كنيسة» (ص12)، فإنّه يُصدِّر عن خبرة كبيرة في شؤون البحر والناس والحياة، ويتمخّض عن وعي طبقي وعنصري وقومي وإنساني، ويُدلي بآراء ثاقبة في مختلف الشؤون؛ فهو خبير في قراءة الخرائط البحرية، يُبدي وعيًا طبقيًّا مبكّرًا حين يصف نفسه صبيًّا بالقول: «خادم أمين لعائلات برجوازية تفخر بدمها الأزرق» (ص 12)، ويُبدي وعيًا عنصريًّا بالقول: «فأنا مجرّد سوري واحد من تلك الزيرة البعيدة» (ص 12)، ويُبدي وعيًا قوميًّا حين يعبّر عن قرفه ممّا يحدث في غزّة ودمشق والقاهرة وبنغازي، ويُبدي وعيًا إنسانيًّا حين يؤمن بانتمائه إلى الإنسانية جمعاء. ويُدلي بآراء ثاقبة تُشكّل خلاصات تجربته الكبيرة، وتتناثر على صفحات الرواية، كقوله: «الميناء يا أستاذ ماخور كبير»، «الميناء ملتقى الحضارات» (ص 36)، «التكنولوجيا اللعينة أفسدت شبابنا وبناتنا» (ص 40)، «وحده الكرسي يحرّك الثورات» (ص 46)، «نحن البحّارة نصلّي في الحانات لا المساجد. الخمّارات مساجدنا والكؤوس محاريبنا» (ص 107)...

وإذا كان ما يُنسَب إلى الشخصية من آراء ومهارات بحرية أمرًا مبرّرًا بفعل الخبرة المكتسبة من العمل في البحر، فإنّ بعض ما يُنسَب إليها من وعي متقدّم، على أنواعه، وآراء

متفرّقة في شؤون الحياة لا ينسجم مع كون الشخصية غير متعلّمة ولم تدخل مدرسة قط ولم تقرأ كتابًا، ما يطرح رسم الشخصية على المحك. ناهيك بمفارقة داخلية، فهو يُبدي رأيًا تقدّميًّا في المرأة وآخر رجعيًّا محافظًا في الثورات العربية، ومفارقة أخرى خارجية في علاقته بالراوي، فالقبطان الأمّي متقدّم الرأي في المرأة بينما الراوي المتعلّم محافظ الرأي (ص 88، 89).

انطلاقًا من هذه الوقوعات، نحن إزاء شخصية إشكالية، مغامرة، متحرّرة، وجودية، عاطفية وطريفة، تُقبل على الحياة بكلّ حواسّها، وتعيش على حافّة الخطر، وتأتي نهاية الرواية المتمثّلة بنزول القبطان بقدميه إلى البحر، والتوغّل فيه حتى يغمره الماء ويختفي، لتنسجم مع هذه الصفات، وتُشكّل نهاية مناسبة للشخصية والرواية.

ولئن كانت الرواية تدور حول قبطان بحري، فإنّ البحر فيها هو أقرب إلى إطار خارجي لحركة الشخصية منه إلى فضاء روائي، فنحن لا نقع فيها على تفاصيل ومصطلحات تتعلّق بالحياة البحرية، ونمط العيش وأدواته، وأجزاء السفن ومكوّناتها، وعمل البحارة في مواجهة الأخطار. ما يُطالعنا هو ذكريات عن حياة الشخصية المعنيّة تنطوي على قدر كبير من الحنين إلى الماضي، والضيق بحاضر تحاصرها فيه الوحدة، وظلم ذوي القربى، والتقدّم في العمر...

تتّخذ «أرواد» مسارًا أفقيًّا، تتوزّع فيه الأحداث المتقطّعة، المختارة، على خمس وثلاثين وحدة سردية، تقوم على السرد الذي يتخلّله الحوار، بشكليه المباشر في بعض الوحدات، وغير المباشر في معظمها، بحيث يروي الراوي ما قالت الشخصية مستعينًا بالفعل «قال» ومشتقاته ومرادفاته، وفي هذا النوع الأخير يكون الحوار أحاديًّا؛ فثمة شخصية تحكي، وراوٍ يصغي ويحفظ في ذاكرته...، غير أنّ الوحدة السردية الرابعة والثلاثين تختلف عن سواها في كونها حوارًا مباشرًا بين الشخصية والراوي يخلو من السرد، ويتمحور حول الموت.

على أن أفقية المسار الروائي تكسر نمطيّة المسار التقليدي للرواية العربية الذي تنطلق فيه الحوادث من نقطة معينة، وتأخذ في النمو والتصاعد حتى تبلغ ذروة معيّنة، ثم تأخذ في الانحدار وصولاً إلى الحل...، كما أنّ الرواية تكسر نمطيّة السرد مرّتين اثنتين؛ أولى بمقطع من ملحمة جلجامش (ص 73)، وثانية بنشيد رثاء (ص 82). ما خلا ذلك، ثمّة سرد طليٌّ، سلس، ينساب على رسله دون مطبّات أو معوقات.

يصوغ محمود عثمان نصّه بلغة رشيقة، جميلة، تستخدم الجمل والعبارات القصيرة والمتوسّطة، تجنح نحو الأدبية، وتتّخذ مستوى كنائيًّا في التعبير عن الفعل الجنسي مؤثرة التلميح على التصريح، تقلّ فيها أدوات الربط، فتنساب الجمل المتعاقبة في حركة موجيّة تناسب الموضوع، وتستخدم الصور والمحسّنات البيانية بمقادير محدّدة دون إسراف، فينجح الكاتب في المحافظة على توازن مستحبٍّ بين السرد والأدب.

بهذه المواصفات، على مستوى الحكاية والخطاب واللغة، يقدّم محمود عثمان نصًّا روائيًّا جميلاً، سلسًا، تمتع قراءته، فلا يعود القارئ من الغنيمة بالإياب.

مقبول العلوي
في جدل التاريخي والروائي

من النهاية، تبدأ «طيف الحلاج» (دار الساقي)، الرواية الرابعة للكاتب السعودي مقبول العلوي، فالشخصية المحورية التي تغلّب المحبة على الانتقام في البداية النصّية للرواية هي نفسها التي تُضرم النار في وسيلة الانتقام في نهايتها، وبذلك، تتّخذ الرواية مسارًا دائريًّا متكسّرًا، تلتقي فيه البداية والنهاية في نقطة واحدة. وبين البداية والنهاية النصّيّتين، شبكة من العلاقات الروائية التي تتحرّك بين: التاريخي والراهن، الماضي والحاضر، الواقعي والغرائبي، اليقظة والحلم، في إطار مجموعة من تقنيات السرد الروائي المتنوّعة. ونخلص من الشبكة والإطار إلى أن التاريخ يعيد نفسه بوجهيه البشع والجميل.

في بداية القرن الرابع الهجري، تُنزل السلطة السياسية حكم الصّلب بالحلاّج، الشخصية التاريخية المعروفة، بذرائع دينية مستندة إلى خلفيات شخصية، فتُودي بحرية المعتقد. وفي القرن الخامس عشر الهجري، تسحب السلطة الأكاديمية شهادة الدكتوراه التي تتّخذ الحلاج موضوعًا لها من نوري إبراهيم، الشخصية الروائية المحورية، في الرواية، بذرائع دينية مستندة إلى خلفيات شخصية، فتُودي بحرية البحث العلمي. وهكذا، يفصل بين الواقعتين، التاريخية والروائية، أحد عشر قرنًا لا تغيّر كثيرًا في العقول والأفكار. يقول الكاتب على لسان الراوي: «لا تزال تعيش بيننا العقول والأفكار نفسها والفكر الأحادي عينه الذي يقيس كلّ شيء بمنظور رمادي عقيم غير قابل للحركة والتنوّع والتطويع» (ص 151). وهنا، يعيد التاريخ نفسه بوجهه البشع. غير أن تماهي الباحث بموضوع بحثه، وتقاطع الشخصية الروائية مع التاريخية، وتغليبها المحبة والغفران على الانتقام تشكّل استعادة للتاريخ بوجهه الجميل.

تقوم الرواية على حكايتين اثنتين؛ الحكاية الروائية الراهنة، والحكاية التاريخية المستعادة. والحكايتان، إذ تستدعي إحداهما الأخرى وتتقاطع معها، تتشابهان في: بعض

الأسباب والنتائج والشخصيات والمواقف، وبناء العام على الخاص، وتحكيم الشخصي في الموضوعي، واستخدام الدين وسيلة للصعود وتصفية الحسابات.

في الحكاية الروائية الراهنة، تدور الأحداث بين ثلاث شخصيات رئيسية، تنتظم في علاقات غير سويّة رغم القرابة التي تربط بينها، تروي كلٌّ منها الحكاية من منظورها الخاص الذي يعكس رؤيتها للأمور، وتتمخّض عن ذلك مجموعة من العلاقات الروائية بينها تقوم على التحاسد والحقد والكره والإكراه، على تفاوت في هذه المشاعر بين شخصية وأخرى. فالح ونوري ابنا عم يتحدّران من القرية نفسها والعشيرة ذاتها، تجمع بينهما ذكريات طفولة وطيش وشباب ومغامرات مشتركة وتسكّع في الملاهي الغربية وعلاقات عابرة، يمارس فالح دور الوصي على نوري بحكم فارق العمر بينهما، ويضمر في نفسه حسدًا له، ويرى فيه منافسًا دائمًا له، حتى إذا ما اقترن نوري بحليمة، طليقة فالح منذ سبع سنوات، تكون القشة التي قصمت ظهر البعير، فيظهر فالح المضمر، يعلن حربًا شعواء على ابن العم، يرسل لحليمة صورًا فاضحة لنوري كان التقطها له في مغامراتهما الجنسية المشتركة متسبّبًا في انهيار زواجه، يشي به لدى الجامعة التي يعمل فيها رئيس قسم بشهادة مشتراة بتهمة تمحور رسالة الدكتوراه التي أعدّها حول زنديق كافر هو الحلاج، يتدبّر مستغلاًّ موقعه وعلاقاته إجراء محاكمة صوريّة له تؤدّي إلى سحب الرسالة منه، وفصله من العمل في الجامعة. ويتبيّن من سلوكيّات هذه الشخصية واليوميات التي كتبتها أنّ صاحبها مصاب بالعجز الجنسي، والمرض النفسي، والاختلال العقلي. وهكذا، يتمّ تحكيم الشخصي في العام، ويُستخدم الدين في تصفية حسابات شخصية.

في المقابل، يبرز نوري باحثًا غارقًا في موضوع بحثه إلى حدّ التماهي، فيبدو مسكونًا بالحلاّج، يهلوس باسمه، يحلم به، يدخل في نوبات متخيّلة طويلة معه، بفعل الحبة البرتقالية التي يتناولها، فتكثر الأحلام المصطنعة في الرواية، ويطول بعضها ليبلغ أربع عشرة وحدة سردية تغطي إحدى وخمسين صفحة (من 195 إلى 246)، وتتخلّله كوابيس وأحداث غريبة عجيبة، ما يطرح الصحّة العقلية لهذه الشخصية على بساط البحث، الأمر الذي يشخّصه الطبيب النفسي باضطراب في التفكير والوجدان، ويسمّيه بالفصام أو السكيزوفرينيا (ص 154). وخلال انخراطه في البحث وموضوعه، بفعل إرادي أو مَرَضي، يعيد نوري محاكمة الحلاج بمقاييس العصر مستعينًا بشهود تاريخيّين، ويكتب مخطوطته بإيعاز منه، فتتشكّل

من ذلك الحكاية التاريخية في الرواية. وعلى حالة نوري النفسية والأذى الكبير الذي لحق به من ابن العم فالح، فإنّ تأثّره بالحلاّج وتماهيه به بلغ حد العدول عن الانتقام إلى المحبة والغفران والتصالح مع الذات والتحرّر من عوالق الدنيا؛ فهو حين تقع بين يديه يوميات فالح التي يعترف فيها بعجزه الجنسي ومجونه وشراء شهادة الدكتوراه، وحين يصله المظروف الذي يحتوي على صور فالح في أوضاع مريبة، لا يتورّع عن إشعال النار فيهما متحرّرًا من خمسة وعشرين عامًا من المشاعر السلبية المتناقضة، مؤثرًا الصفح على الانتقام، في لحظة تماهٍ بموضوع رسالته، وارتقاء إلى مستوى قريب من معلّمه. وهو حين يعرض عليه مدير الجامعة إعادته إلى العمل وإعادة الشهادة إليه مقابل إسهامه في إطفاء الضجة التي أثارتها وسائل التواصل الاجتماعي بعد خمس وعشرين عامًا على الواقعة، يرفض هذه المساومة الرخيصة، وتكون لحظة الراحة الكبرى عنده حين يضغط على زر الإرسال مرسلاً بحثه إلى الناشر للبدء في طباعته. وهنا، نتساءل: هل يُعقَل أن تصدر مثل هذه المواقف المتقدّمة عن شخصية مصابة بالانفصام والهلوسة والدخول في نوبات حلمية طويلة؟ ألا ينتقص ذلك من واقعية الشخصية؟

بين هاتين الشخصيتين، تبرز حليمة رمزًا للمرأة المغلوبة على أمرها في مجتمع ذكوري لا تقتصر فيه العقلية الذكورية على الرجال بل تتعدّاهم إلى النساء أنفسهنّ (الخاتنة والأم)؛ فسقوط نوري عليها، بينما يلعبان في ظلّ البيت ذات ضحى، على مرأى من الخاتنة المتوحّشة، يؤدّي إلى ختانها مرة ثانية وتشكيكها، ما يسبّب لها آلامًا مبرّحة، ويترك في نفسها جرحًا غائرًا وخوفًا من الزواج. وإكراهها على الزواج من ابن خالتها، الدكتور فالح، المشهور في القرية والبلدات المجاورة، واكتشاف عجزه وحقارته وخسّته لاحقًا حين أقدم على اغتصابها، يؤدّيان إلى طلاقها منه. وقبولها الزواج من نوري، رفيق الطفولة، بعد تردّد، ينتهي بالطلاق مجدّدًا، بعد تسلّمها صورًا فاضحة قديمة له في أوضاع مريبة، دسّها فالح لتخريب زواجهما. وهكذا، تجمع بين الرضوخ والتمرّد والتسرّع في آن، وتعكس صورة المرأة في المجتمع الذكوري.

في الحكاية التاريخية، يستعيد العلوي سيرة الحلاج، ما يفتح الروائي على السِّيَري، وهو يفعل ذلك من خلال جعله موضوعًا بحثيًّا لإحدى الشخصيّات، نوري، الذي يكتشف أهميّته، ويغرق فيه، ويتماهى به، ويتقمّصه في بعض المواقف. نوري يدرس الحلاج طوعًا، يلتقيه بفعل الدواء الذي يتناوله علاجًا لحالته النفسية، يستعين بالتاريخ ويعيد محاكمته في

ضوء مقاييس العصر، يكتب سيرته بإيعاز منه، وعلى لسانه بصيغة المخاطب، ويستند إلى شهود تاريخيين، من أتباع وتلاميذ وخصوم وأعداء، فتشكّل الدراسة والشهادة والمحاكمة والكتابة مصادر الحكاية التاريخية المستعادة، وفيها: ولادة الحلاج في الطور من بلاد فارس لأب يعمل في حلج القطن، انتقال الأسرة إلى واسط وانتسابه إلى مدرسة القرّاء، ذهابه إلى تستر وتلقّي العلم على سهيل التستري، موت والديه وحزنه عليهما، رحيله إلى البصرة وتلقّي العلم على أبي عمرو المكّي، قيامه بأداء فريضة الحج مرّات عدّة، زواجه من أمّ الحسين التي كانت عين أستاذه عليها ليتّخذها زوجة ثالثة له ما يفسد العلاقة بينهما فيقوم الأستاذ بإيغار ديوان الخليفة عليه -وهنا يتقاطع الحلاج مع دارسه نوري الذي يؤدّي زواجه بحليمة إلى إلحاق الأذى به- قيامه برحلة وعظيّة في بلاد فارس لستّ سنوات، وعودته بعدها إلى بغداد ليجد أعداءه بانتظاره، فَيُسجَن مرّات عدّة يكتب خلالها كتبًا تحظى بالانتشار، وتكون نهايته الفاجعة. وهنا، يشكّل التاريخي مادة للروائي، يدخل معه في حوار جدلي، يغتني فيه الروائي بالمضمون التاريخي، ويفيد التاريخي من فنّيّة الروائي وروائيّته.

هذا التجادل بين التاريخ والرواية، يوفّر له العلوي تقنيات سردية متنوّعة، فيجمع بين الراوي العليم والراوي المشارك مع ترجيح للثاني على الأول، وينوّع في صيغ الكلام بين المتكلّم والمخاطب والغائب، ويجاور في روايته بين الرواية والسيرة واليوميات والتاريخ، فيقدّم نصًّا متنوّعًا، حيًّا، غنيًّا، يليق بالسيرة التي يتناولها، ويستحق بذل الجهد والوقت في القراءة.

منى الشرافي
تيِّم على أريكة التحليل النفسي

«**مشاعر مهاجرة**» هيَ ثالثةُ الأثافي في مسيرة الكاتبةِ والروائيةِ الأردنيةِ منى الشرافي تيّم، بعدَ أولى هيَ «وجوهٌ في مرايا متكسّرة»، وثانيةٍ هيَ «مرايا إبليس». وهيَ رواية اجتماعية كالأولى، فيما تنحو الثانية منحى سياسيًّا، وما تزال المسيرةُ مستمرَّةً، والجعبةُ واعدة.

في العنوانِ «**مشاعر مهاجرة**» عنوانٌ شعريٌّ لنصٍّ روائي. وهوَ يَرِدُ بصيغٍ متعدّدةٍ في المتنِ، وتتعدَّدُ دلالاتُهُ وإحالاتُهُ بتعدُّدِ صيغِهِ، وتتراوحُ بينَ الإيجابيةِ والسلبيةِ وما بينَهُما:

- فعلى **المستوى الإيجابي**، يُحيلُ العنوانُ: إلى الحريةِ في: «المشاعرُ الإنسانيةُ كالطيورِ الحرَّةِ التي تهاجرُ بحثًا عن الدفءِ والأمان» (ص 70)، وإلى الحبِّ في: «كنْتُ جميلةً في مراهقتِكِ، حينَ هاجرَتْ مشاعرُكِ إليَّ، وهاجرَتْ مشاعري إليكِ...» (ص 264)، وفي: «هاجرَتْ إليهِ وهاجرَ إليها منذُ زمنٍ بعيدٍ على أشرعةِ المشاعر» (ص 282).

- وعلى **المستوى السلبي**، يُحيلُ العنوانُ: إلى عدمِ الانتماءِ في: «ومشاعري الحقيقيةُ لا تنتمي إلى هذا البيتِ، فقدْ هجرَتْهُ منذُ زمنٍ طويلٍ...» (ص 30)، وإلى عدمِ التواصلِ في: «المشكلةُ تكمنُ في مشاعرِها العائمةِ المهاجرةِ» (ص 35)، وإلى تصرّمِ الزمنِ في: «تمرُّ بنا الأيامُ هاربةً كأسرابِ مشاعرَ مهاجرة» (ص 245)، وإلى الاغترابِ في: «ومشاعري التي هاجرَتْ منذُ زمنٍ يجبُ أنْ تجثوَ في حضنِ وطنِها» (ص 301)، وإلى الانفصامِ في: «وهجرَتْ مشاعرُها عالمَها الواقعيَّ حينَ هاجرَتْ إليهِ» (ص 306). وهكذا، يُحيلُ العنوانُ إلى **دلالاتٍ** متعدِّدةٍ، متضادَّةٍ، تختلفُ من شخصيةٍ إلى أخرى، ومن موقفٍ إلى آخر.

- في **المتنِ**، تتناولُ الروايةُ أوضاعَ المرأةِ العربيةِ النفسيةِ، من خلالِ العالمِ المرجعيِّ الذي تُحيلُ إليهِ، وهوَ لبنان. وهيَ تفعلُ ذلكَ من خلالِ قيامِ ديانا، الطبيبةِ النفسيةِ، بطلةِ الروايةِ والشخصيةِ المحوريةِ فيها، بمعالجةِ خمسِ نساءٍ، لكلٍّ منهنَّ حالتُها المَرَضيَّةُ الخاصَّةُ، الناجمةُ

عن سببٍ معيّنٍ، يختلفُ من مريضةٍ إلى أخرى، فتستخدمُ في عملِها تقنيّاتٍ مختلفةً، منْها: طرحُ الأسئلةِ، التقرّبُ من المريضةِ وكسبُ ثقتِها، الهمساتُ الروحيَّةُ، حكايةُ الحكاياتِ، المواجهةُ، الاستفزازُ، وغيرُها...، وتنجحُ في شفاءِ أربعٍ منهنَّ. على أنَّ الانتقالَ من مريضةٍ إلى أخرى يتمُّ بشكلٍ تلقائيٍّ، من داخلِ السياقِ الروائي، ولوجودِ سببٍ معيّنٍ، بعيدًا من أيِّ افتعالٍ أو إقحام. والمفارقُ أنّ الطبيبةَ نفسَها كانَتْ مريضة، وتحتاجُ، بدورِها، إلى علاج، الأمرُ الذي يتحقّقُ بواسطةِ الحُلُمِ/ الكابوسِ الذي تراهُ ذاتَ ليلة.

قبلَ إضاءةِ هذهِ الشخصيةِ المحوريةِ في الرواية، لا بدَّ من إلقاءِ نظرةٍ بانوراميةٍ سريعةٍ على شخصياتِ الرواية، المريضةِ نفسيًّا، تبيّنُ الظروفَ المحيطةَ بالمرأةِ العربية، وكيفيةَ انعكاسِها على وضعِها النفسي:

- **سارة** ابنةُ الخامسةِ والعشرين، تحاولُ الانتحارَ إثرَ تخلّي خطيبِها، زميلِ الدراسةِ الجامعية، عنْها، قبلَ موعدِ الزفافِ بيومٍ واحد، بعدَ خمسِ سنواتٍ من الحب، في عمليةِ نكوصٍ عاطفيٍّ يعودُ فيها إلى فتاةٍ أمريكيةٍ شكّلَتْ حبَّهُ الأوّل، كانَ ذووه قد أجبروه على التخلّي عنْها إثرَ عودةِ الأسرةِ إلى لبنان. تقومُ ديانا بمعالجتِها وإعادتِها إلى حياتِها الطبيعية، فتخرجُ من صدمةِ الغدر، وتقرّرُ العودةَ إلى العملِ في شركةِ أبيها، حتى إذا ما عادَ الخطيبُ من السفرِ مع زوجتِهِ الأميركيةِ وشاهدَها، تستيقظُ فيه مشاعرُ الحب، فَيُيمِّمُ شطرَها مبديًا مشاعرَ الندمِ على فعلتِه، عارضًا عليها الحبَّ والارتباط، غيرَ أنَّها تصدُّهُ بقوةٍ مستعيدةً إحساسَها بكرامتِها.

- **سلوى** امرأةٌ لبنانيةٌ متزوجةٌ من رجلٍ تونسي، يُستشهدُ ابنُها الوحيدُ في تونس، فتعيشُ حالةَ رفضٍ للواقع، وتهربُ منْهُ إلى النوم، ويتحكّمُ بها عقلُها الباطن. تحاولُ ديانا إعادتَها إلى الواقعِ ومواجهةِ الحقيقةِ القاسية، غيرَ أنَّ عدمَ تجاوبِها معَ العلاج، وإصرارَها على الالتحاقِ بابنِها، يؤدّيانِ إلى موتِها.

- **ندين** شقيقةُ ديانا هيَ الحالةُ الأصعبُ التي تواجهُها، يتمُّ اغتصابُها خلالَ الحربِ الأهليةِ اللبنانية، فتعاني أحكامَ المجتمعِ الجائرةِ وتقصيرَ الأسرة، ويُعرِضُ عنها الشبانُ رغمَ رغبتِهِمْ فيها جنسيًّا، تغارُ من أختِها ندى التي خطبَتْ، وتكرهُ أختها ديانا التي نجحَتْ، وترتبطُ بأوّلِ رجلٍ يطلبُ يدَها رغمَ أنَّهُ يكبرُها بكثير، فتحوّلُ حياتَهُ إلى جحيم، ويبلغُ بها مرضُها وحقدُها على جنسِ الرجالِ حدَّ استخدامِ جسدِها للانتقامِ منْهم، فَتُغري الشبّانَ حتى إذا ما

وقعوا في شباكِها وتمكّنَتْ منْهم، تقومُ بلفظِهِمْ وتدميرِهِمْ في الوقتِ الذي تدمّرُ فيه ذاتَها، ويصلُ انتقامُها إلى أقربِ المقرّبين، فلا تتورّعُ عن إغواءِ حسن، زوجِ أختِها ندى، الذي ما يلبثُ أن يستنجدَ بديانا لتَشفيَهُ منْها حرصًا على استقرارِ أسرتِه. هنا أيضًا، تنجحُ ديانا في مهمّتِها العلاجية، على صعوبتِها، بمساعدةِ فاضل الذي ما يلبثُ أن يقترنَ بندين التي تعودُ إلى حياتِها الطبيعيةِ وعملِها في تصميمِ الأزياء.

- **بارعة** امرأةٌ في منتصفِ العمر، يموتُ زوجُها منذُ ثلاثِ سنوات، بعدَ إصابتِهِ بشللٍ نصفي، فتتسلّطُ عليها حماتُها وأخواتُ الزوجِ الأربع، ويحصينَ عليها حركاتِها وسكناتِها، وتقومُ ابنتُها ياسمين باستغلالِها واتخاذِها مربيةً وخادمةً لابنِها حاتم، لتنصرفَ هيَ إلى عملِها وعلاقاتِها الاجتماعية، غيرَ أنَّ تردّدَها على ديانا طلبًا للمساعدة، ومؤازرةَ ابنِها ياسر الموجودِ في دبي لها، يؤدّيانِ إلى استعادةِ حريتِها، وامتلاكِ زمامِ أمرِها، ووضعِ حدٍّ لمحاولاتِ التسلّطِ عليها واستغلالِها.

- **أمل** مريضةٌ من نوعٍ آخر، يؤرقُها هاجسُ المحافظةِ على جمالِها، ويتحوّلُ إلى وسواسٍ قهريٍّ مَرَضي، فتنصحُها ديانا بالكفِّ عن ذلك، والانخراطِ في جمعيةٍ خيريةٍ تجلبُ لها الرضى عن الذات.

وهكذا، تقعُ المرأةُ العربيةُ التي تقدّمُها «مشاعر مهاجرة» ضحيّةَ غدرِ الرجلِ «الحبيب» (سارة)، أو الثورةِ على الأوضاعِ المزرية (سلوى)، أو الحربِ الأهليةِ (ندين)، أو الأسرةِ (بارعة)، أو المظاهرِ الاجتماعيةِ الفارغة (أمل). من جهةٍ ثانية، ثمّةَ المرأةُ الصديقة (سراب)، والمرأةُ ذاتُ العقليةِ الذكورية (أم ماهر الأردنية)...

أمّا **ديانا** بطلةُ الروايةِ والشخصيةُ المحوريةُ فيها التي يرتبطُ وجودُ الشخصياتِ الأخرى بوجودِها، فهيَ امرأةٌ من نوعٍ آخر، تلتقي فيها مجموعةُ ثنائياتٍ متضادّةٍ، في آنٍ معًا؛ فهيَ الطبيبةُ والمريضةُ، تحبُّ الأبَ وتكرهُ الأم، تعيشُ في الواقعِ وتتعلّقُ بالغيب، تنجحُ في العملِ وتفشلُ في الحب، تتقنُ الصداقةَ وتتعثّرُ في الأخوّة، تعالجُ الأخرياتِ وتحتاجُ إلى معالجة...

في أسرةٍ شبهِ مفكّكة، تنشأُ ديانا لأمٍّ تقليدية، ترى أنَّ وظيفةَ المرأةِ تنحصرُ في الزواجِ والإنجاب، وتضيقُ ذَرْعًا بطموحِ ابنتِها ونجاحِها، ما يؤدّي إلى علاقةٍ ملتبسةٍ بينَ الأمِّ وابنتِها، تعبّرُ عنْها الأخيرةُ بالقول: «لم أشعرْ يومًا بأمومتِها، ولم تخلقْ في كياني نحوَها إلاّ المشاعرَ

الباردة...» (ص 17). هذهِ البرودةُ في المشاعرِ تنسحبُ على علاقتِها بأخيها وأختيها الذين يغارونَ من نجاحِها، وَيُضمِرونَ لها الكراهية. وحدَهُ الأبُ المغلوبُ على أمرِهِ يُشكّلُ أسرتَها الحقيقية، فتقومُ بينَهُما علاقةٌ مميّزة.

في مواجهةِ ضغوطِ الواقع، الأُسَريِّ وغيرِ الأُسَري، تتّخِذُ ديانا من عالمِ الغيبِ ملاذًا تهربُ إليه، ما يجعلُ منْها شخصيةً مزاجية، تعيشُ ازدواجيةَ الواقعِ/ الغيب، الأمرُ الذي يُجهِضُ مشاريعَ الحبِّ لديْها، ويَبتُرُ علاقاتِها بالرجال (فؤاد، رامي، كريم)، ويُسبّبُ لها الألم، ويكادُ الأمرُ نفسُهُ يتكرّرُ في علاقتِها بشهابِ الدين، زميلِ الدراسةِ والعمل، فتهربُ منْه، في غمرةِ الغرام، إلى عُمَر، حبيبِها الافتراضي، الذي رسمَتْهُ في خيالِها وعلى الورق، غيرَ أنَّ تحوّلَ الغيبِ إلى كابوسٍ طويلٍ حافلٍ بالمصادفاتِ الغريبةِ والمآسي يدفعُها، حينَ تستيقظُ منْه، إلى العودةِ إلى شهابِ الدين، حبيبِها الواقعي، لترتميَ بينَ يديْه، وتعلنَ عليه الحب. وهكذا، ينتصرُ الواقعُ على الغيب، وتتغلّبُ الطبيبةُ على المريضة.

في الخطابِ الروائي، تتَّخذُ الروايةُ، على المستوى النصّي، مسارًا دائريًّا، فتنتهي حيثُ بدأَتْ، وعلى المستوى الوقائعي، تبدأُ من النهاية، وتستعيدُ الحوادثَ التي آلَتْ إلى تلكَ النهاية. على أنَّ البدايةَ النصّيةَ/ النهايةَ الوقائعيةَ هيَ حُلُمٌ/ كابوس، تنجحُ الكاتبةُ في إيهامِنا بيقظتِهِ حتى نهايةِ الرواية (ص 305). هذا الحُلُمُ الذي يبدأُ بهِ النصُّ (ص 9، 10، 11، 12) هوَ جزءٌ من الحُلُمِ/ الكابوسِ الطويلِ الذي ينتهي به (ص 245، 246، 247، 248). وهكذا، ينتهي المسارُ الدائريُّ بالحلمِ الذي بدأَ به، وبينَ البدايةِ والنهايةِ تمتدُّ دائرةُ الواقعِ ووقائعُهُ. على أنَّ الحُلُمَ/ الكابوسَ في «مشاعر مهاجرة» قد يكونُ الأطولَ في تاريخِ الروايةِ العربية، وربَّما العالمية، فهوَ يَشغَلُ ستّينَ صفحةً تغطّي الفصلينِ الخامسَ والسادسَ من الرواية، على المستوى الورقي، ويمتدُّ على أربعِ سنوات، على المستوى الزمني، من العام 2011 إلى العام 2015.

وإذا كانَتِ الكاتبةُ نجحَتْ في «خداعِنا»، بالمعنى الروائي، فحدَّدَتْ بعضَ الأزمنةِ بالسنةِ والشهرِ واليوم، وعيَّنَتْ بعضَ الأمكنةِ بالاسم، وانزلقَتْ إلى فخِّ مؤرّخِ الحوادثِ، فحسبْنا الحلمَ/ الكابوسَ يقظة، على غرابةِ بعضِ وقائعِه، فإنَّ حشرَ أربعِ سنواتٍ في ليلةٍ واحدةٍ يبدو أمرًا غيرَ واقعي.

إلى ذلكَ، وَبِمَعْزِلٍ عن طولِ الحلمِ/ الكابوس، وهِناتٍ أخرى كسلْقِ المراحلِ في نموِّ بعضِ الحوادث، وعدمِ تناسبِ الكلامِ الصادرِ عن بعضِ الشخصياتِ كمًّا ونوعًا مع الحالةِ

الصحِّيَّةِ والنفسيَّةِ للشخصية (ص 271)، وعدمِ ملاءمةِ بعضِ الكلامِ للوضعِ المِهَنيِّ للشخصيةِ (عصبية الطبيبة النفسية)، والتناقضِ بينَ بعضِ الجملِ الحواريَّةِ الصادرةِ عن الشخصيةِ الواحدة (ص 262)، وانزلاقِ اللغةِ نحوَ الإنشاءِ سواءٌ في السردِ أو الحوار...، فإنّ منى الشرافي تيِّم في «مشاعر مهاجرة» عرفَتْ كيفَ تجذُبُ القارئَ إلى حقلِها المغناطيسي، فيهاجرُ إلى نصِّها الروائي، ولا يعودُ إلاّ وقدْ غَنِمَ الكثيرَ من المتعةِ والفائدة.

موريس النجار
يذكّر بزمان الوصل بـ «أندلس» الصداقة

«أقدار» هيَ الروايةُ الأولى للشاعر موريس النجّار، وهوَ الآتي إلى الروايةِ من أربعِ مجموعاتٍ شعرية. والمجيءُ من الشعرِ إلى الروايةِ ظاهرةٌ ملحوظةٌ في السنواتِ الأخيرة؛ فكثيرٌ من الشعراءِ أغواهُمُ السردُ، فوجدوا أنفسَهُم بينَ أحضانِ الرواية، خانوا الشعرَ الحبيبةَ الأولى مع الروايةِ الحبيبةِ الثانية. وإذا كانتِ الخيانةُ في الحياةِ مرفوضةً ومستنكرةً لإخلالِها بالانتظامِ العام، فإنّ الخيانةَ في الأدب، سواءٌ ضمنَ النوعِ الأدبي نفسِهِ أو ضمنَ الأنواعِ المختلفة، مطلوبةٌ ومستحبّةٌ لتحقيقِ الإبداع. ولعلّ هذا ما يفسّرُ استشراءَ «الخيانةِ الأدبيةِ»، في الآونةِ الأخيرة.

«أقدار» عنوانٌ مناسبٌ لرواية، فـهيَ جمعُ «قَدَر». وهيَ، في اللغةِ، «ما يقدّرُهُ اللهُ في القضاءِ ويَحكُمُ به». وهيَ، في الروايةِ، ما يقدّرُهُ الروائي في الكتابةِ ويَحكُمُ به. هيَ مساراتُ الشخصياتِ ومصائرُها. يرسمُها الروائي، على مدى ثلاثةٍ وثلاثينَ مسرودة (وحدة سردية)، تَشغَلُ ثلاثَمائةٍ وثمانيًا وعشرينَ صفحة. تَتخلّلُها إحدى عشرةَ مسرودةً صيغَتْ بتقنيةِ الرسالة، تَشغَلُ مائةً واثنتينِ وخمسينَ صفحة، أيْ ما يعادلُ حوالي نصفِ الرواية. ويُسنِدُ عمليةَ الروي فيها إلى ثلاثةِ رواةٍ مشاركين، هم: نغم التي تروي مسرودتين اثنتين، في بداية الرواية ونهايتها، وتحتوي الراويين الآخرين، وتشكّل إطارًا خارجيًّا للروي. باسم، الراوي المحوري، الذي يروي خمسًا وعشرين مسرودة، منها خمس بتقنية الرسالة، ويحتوي الراوي الثالث. نعيم الذي يروي، من خلال تقنية الرسالة، ست مسرودات. وجميعهم يستخدم صيغة المتكلم التي تقطعها صيغتا الغائب للإخبار، والمخاطب للالتفات البلاغي، ما ينعكس تنوّعًا في صيغ الكلام. وهكذا، تكون العلاقة بين الرواة الثلاث علاقة احتواء وتفاعل، في آن. الراوية الأولى تحتوي الراويين الثاني والثالث. الراوي الثاني يحتوي الثالث ويتفاعل معه. الراوي الثالث يُحتوى من الثاني ويتفاعل معه، ما يضعنا أمام بنية

روائية مركّبة، على هذا المستوى. هذا ما يرسمه الروائي، في الخطاب. أمّا ما يرسمه، في الحكاية، فتلك مسألة أخرى.

ترصد الرواية علاقة الصداقة بين باسم ونعيم، في تجلّياتها المتعاقبة، المختلفة، وما يحفّ بها، ويتفرّع منها في فضاء زمني هو النصف الثاني من القرن العشرين، وفضاء مكاني يمتد بين ثنائيتي الريف (دار الكرم، جملون) المدينة (طرابلس، بيروت)، من جهة، أو بين ثنائيتي الوطن (لبنان) المهجر (البرازيل)، من جهة ثانية. فباسم ونعيم ابنا قرية واحدة، رفيقا طفولة وشريكا صبا، وزميلا دراسة، يتلازمان كقصبتي «المجوز»، ويشتركان في الاهتمامات والهوايات والأحلام والخصوصيات والأسرار، ويتبادلان الود والوفاء والإخلاص، حتى تفرّق بينهما الأقدار، فيسافر نعيم إلى البرازيل امتثالاً لقدر غاشم وقع عليه، ويبقى باسم في الوطن ليصنع قدره بنفسه. وهنا، تتحوّل آلية التعبير عن الصداقة من اللقاءات المباشرة، وجهًا لوجه، إلى الرسائل المتبادلة بين الصديقين التي تشغل النصف الثاني من الرواية، وتشكّل امتدادًا للوحدات السردية في النصف الأول التي يقوم باسم برويها. والوحدات والرسائل مجتمعة هي الأوعية الروائية التي تتراكم فيها الأحداث، وتتعاقب، وتنمو.

إذا كانت وحدات النصف الأول من الرواية تروي مراحل الطفولة المشتركة والصبا والدراسة في الوطن، فإن رسائل النصف الثاني يتبادل فيها الصديقان أخبار الوطن والمهجر، وتنطوي على الأخبار والأسرار والبوح والخصوصيات والذكريات والتجارب والطرائف، وتحفل بالسخرية والحلاوة والظرف والدعابة والمزاح الثقيل... ولئن كان الصديقان يتشابهان في الميول والاتجاهات والطباع، فإنهما يفترقان في المسار والمصير. باسم يصنع قدره بنفسه غالبًا، وتجري الرياح بما تشتهي سفينته، يتابع دراسته الجامعية، يمارس التدريس، يتزوج ويبني أسرة. ونعيم صنيعة القدر الذي يفاجئه بما لا يشتهي، ويحوّل مسار حياته من مصير إلى آخر، فما إن ينهي دراسته الثانوية حتى يخطف الموت والده، ويتسلّط أخوه الأكبر أنطونيوس الشكس عليه، حائلاً بينه وبين متابعة الدراسة ما يشكّل نقطة تحوّل كبير في حياته، فيُضطرّ للسفر إلى البرازيل مضحّيًا بأحلامه في الدراسة والارتباط بحبيبته ريحان. وحين يعود إلى الوطن، بعد تحقيق النجاح في المهجر، مدفوعًا بالحنين إلى صورة جميلة رسمها في رأسه، لا يجد تلك الصورة، يصطدم بتفكّك أسرته وجشع أخيه الأكبر، فيقطع زيارته قبل انتهاء إجازته ويعود من حيث أتى. يعيش صدمة العودة كما عاش صدمة

الرحيل، ويعاني الغربتين: غربة المهجر وغربة الوطن. والمفارق أن نعيم الذي نجح في صناعة قدره في البرازيل، فشل في ذلك في لبنان، فغدا ألعوبة القدر.

إلى جانب هاتين الشخصيتين، صانعة قدرها وصنيعته، ثمة شخصيات أخرى هي صنيعة أقدارها، غالبًا، وليست صانعتها، على الرغم من إيجابيتها؛ فـ**تيسير**، الصديق الطرابلسي المختلف دينيًّا، يفشل في الارتباط بحبيبته زينة بسبب تعنّت الأب والاختلاف الديني، وينقطع عن الدراسة للعمل مع أبيه، ويُستشهد خلال انخراطه في المقاومة الشعبية في العام 1958، وبذلك، تتضافر الأقدار، الاجتماعي والديني والسياسي، على رسم مساره، وتحديد مصيره. و**رئيف** يقوده الفقر في الوطن إلى الهجرة، فتتردّى أوضاعه أكثر فأكثر، ويهرب من «دلفة» الوطن إلى مزراب المهجر. و**زينة** تتزوج قريبها العائد من المهجر، بعد اصطدام علاقتها بتيسير بالجدارين الاجتماعي والديني. و**ريحان** ترتبط برجل غني مغرور وسطحي، بعد تحطّم الأحلام المشتركة مع نعيم، على صخرة جهل أخيه الأكبر وتعنّته. و**جينا** تحول تقاليد الأهل وضيق ذات اليد دون متابعتها الدراسة الجامعية، فتنضم إلى العمل مع أبيها في معمل للنسيج، ولا تصل علاقتها بباسم إلى نهاية سعيدة. وهكذا، لا تصل أيٌّ من علاقات الحب التي نشأت خلال سني الدراسة إلى خواتيمها المنشودة، لأسباب دينية أو اجتماعية. وتكون الشخصيات صنائع الأقدار إلى حد كبير باستثناء باسم الذي صنع قدره بنفسه في معظم الأحيان.

بالعودة إلى الخطاب الروائي، يؤالف موريس النجار في روايته بين المختلفات. فهو، على الرغم من وضعه كلمة «رواية» على الغلاف، ينفتح على أنواع أخرى، ويجمع بين الرواية والسيرة الذاتية والمذكّرات والرسالة والتاريخ، في نصّه الذي يتوزّعه السرد والحوار مناصفةً تقريبًا لا سيّما إذا ما اعتبرنا الرسائل المتبادلة بين الصديقين نوعًا من حوار مباشَر طويل تتخلَّله حوارات غير مباشَرة قصيرة، تتضمّنها الرسالة الواحدة. ولعلَ تأريخ الرسائل باليوم والشهر والسنة، ورسم الإطار التاريخي للأحداث الفردية، وتسمية الأماكن الروائية بأسمائها الحقيقية، تؤيّد ما نذهب إليه من مؤالفة المختلفات وجمع الأنواع الأدبية في نصٍّ واحد.

السرد في «أقدار»، بشكليه المباشَر أو غير المباشَر، تكسر نمطيّته نصوصٌ أخرى، شعبية أو نخبوية، فتقطعه عريضة تعيين الناطور، ورقوة الإصابة بالعين، والمقطوعة الأدبية، والمحاورة الزجلية. وتوشّحه الأبيات الشعرية والأمثال الشعبية والأقوال المأثورة، ما يضفي

عليه الحيوية والتنوّع، ويعكس ريفية المرجع وشعبيته وواقعيته. أمّا الحوار فيتمّ على مستويين اثنين: الأوّل طويل ومباشَر من خلال الرسائل المتبادَلة بين بطليِ الرواية، والثاني قصير وغير مباشَر ممّا تتضمّنه الرسالة الواحدة. وهو يتكامل مع السرد في بناء الحكاية ونسج الخطاب.

يكتب موريس النجّار روايته بلغة رشيقة، أنيقة، فصيحة، مهذّبة، بشكل عام، سواءٌ على مستوى المفردة أو التركيب، غير أنه قد يلجأ إلى خرق هذه المواصفات في بعض الأحيان؛ فعلى المستوى الأوّل، قد يستخدم مفردات شعبية كـ«قصبتي المجوز» أو معجمية كـ«عبل الذراعين»، وقد يُضطر إلى انتهاك المعجم المهذّب حين لا يجد فيه مفردة تعبّر عن المعنى المقصود، وفي هذه الحالة النادرة يكتفي بحرفين اثنين من المفردة ويكملها بثلاث نقاط كقوله: «المرّةَ هذه بَعَـ....» (ص 51)، وقد يعمد إلى تفصيح المفردة المحكية بضبطها بالشكل التام، في سياق زَجَليٍّ محكي، فتغدو هجينة في مكانها. أمّا على المستوى الثاني التركيبي، فهو قد يستخدم تركيبًا شعبيًّا يعكس بداهة اللغة وطرافتها كقوله: «وقعت الواقعة» (ص 189)، وقد يلجأ إلى تركيب نحوي نادر الاستعمال يعكس تقعّر اللغة كصيغة التحذير في قوله: «نفسَكَ والإحباط» (ص 175). وقد يقوم بتفصيح المحكي كما في قوله: «عينُك تراه» (ص 235). وعلى الرّغم من هذه الانتهاكات الطفيفة، يلجأ إليها الكاتب، بتقديري، لأسباب فنّية، فإنّ لغته، مفردةً وتركيبًا، تُراعي مقتضيات الفصاحة والبلاغة والجمال.

ومسك الختام، «أقدار» رواية في تمجيد الصداقة، في زمن قلّ فيه الأصدقاء، وأصبحت الصداقة عملةً نادرة، ما يمنح الرواية قيمتها التربوية، واستطرادًا، الاجتماعية. ذلك أنّ ما نقع عليه من قيم الوفاء والودّ والمحبّة والمساعدة والمشاركة والمروءة، فيها، يذكّرنا بزمان الوصل في «أندلس» الصداقة. ولا نملك، في هذا السياق، سوى أن نردّد مع لسان الدين ابن الخطيب:

جادَكَ الغيثُ إذا الغيثُ همى   يا زمانَ الوصلِ في الأندلسِ

مي منسّى
تحرث في حقل الوجع الإنساني

«قتلت أمي لأحيا» هي الرواية التاسعة للروائية اللبنانية مي منسّى (رياض الريّس للكتب والنشر)، وهي لا تشذّ فيها عن رواياتها الثماني الأخرى من حيث الحفر في حكايات الوجع الإنساني الناجم عن الحرب والسجن والمرض والجريمة والهجرة القسرية. وإذا ما علمنا أن روايتها الأولى «أوراق من دفاتر شجرة رمان» صدرت في العام 1998، تكون حصيلتها الروائية تسع روايات خلال عشرين عامًا، أي بوتيرة رواية واحدة كل سنتين تقريبًا، ما يشي بنشاط روائي ملحوظ يمنحها موقعًا بارزًا على الخريطة الروائية اللبنانية والعربية.

في العنوان، تقوم الرواية على معادلة الموت/ الحياة، وتلازم طرفي المعادلة، فالموت قد يكون شرطًا للحياة، والحياة، بدورها، تؤول إلى الموت، في جدلية أزلية - أبدية بين الطرفين. والعنوان أيضًا يحيل على مقولة قتل الأب العلم-نفسية التي يقول بها فرويد، مع فارق أن القتل في هذه المقولة مجازي كشرط للإبداع والتجاوز، وهو في الرواية فعلي لكنه ليس شرطًا حتميًّا للحياة.

في المتن، تبدأ منسى روايتها بسؤال، على لسان رشا، راوية الرواية المحورية، هو: «أتكون الأحلام سبيلاً إلى إعادة الاتصال بين الأحياء والأموات؟ أتكون جسر عبور من وهم الحياة إلى حقيقة الموت؟» (ص9)، وتجيب، على لسان الراوية نفسها، في نهاية الرواية، بالقول: «أتلقى رسائلهم في مناماتي، تحذّرني من قطع الروابط بيني وبينهم [....] ينتظرونني. ولن أخلف وعدي لهم». (ص 397)، ما يشي بالتواصل بين الأحياء والأموات، بين الحياة والموت، سواءٌ بالأحلام أو الذكريات أو الكتابة... وبذلك، يشكّل العنوان، على استفزازيّته، مدخلاً مناسبًا للمتن.

بين السؤال والجواب يتموضع النص الروائي، في حوالي أربعمائة صفحة، تملأها منسى بالحوادث والذكريات والوقائع الروائية، وتتّخذ من السماعي (حكايات الجدة)، والكتابي (كتاب الأب)، والعياني المعيش (تجربة الرواة)، مصادر متنوّعة للروي. تمتد الحوادث زمنيًّا على مسافة حوالي القرن من الزمان، بين «سفر برلك»، بداية القرن العشرين، ومرحلة إعادة إعمار بيروت، في التسعينيات منه. وتتوزّع مكانيًّا على لبنان والبرازيل وفرنسا. وتتناول حكايات شخصيات عديدة تنتمي إلى أربعة أجيال متعاقبة، تقيم في قرية «عين الشمس» الاسم الروائي للقرية في النص، يجمع بينها أنها، بمعظمها، شخصيات تراجيدية. لكلٍّ منها مأساتها وجلجلتها. وهي حكايات يتوالد بعضها من بعض، تتناسل وتتقاطع وتتوازى، لتشكّل حكاية تراجيدية طويلة.

الجدّة سلمى المنتمية إلى الجيل الأول من أسرة رستم الريفية تروي لرشا، ابنة حفيدها فارس، المنتمية إلى الجيل الرابع، حكاية الأسرة المصابة بلعنة القدر والحكايات المتفرّعة منها، لتكتبها. فيتضافر المرويّ والمكتوب والمسموع والمعيش في تشكيل الحكايات الرئيسية والفرعية، وتظهير المصائب الواقعة على الأسرة، في أجيالها الأربعة، والتي تسبّبت أسرة شيبوب في معظمها بدءًا من الجيل الثاني. وفي هذه المصائب:

- اقتياد الجد يونس رستم إلى «السفر برلك» واقتلاعه شابًّا من أرضه تاركًا وصيته الشهيرة التي تتردّد كلازمة في عهدة زوجته وأولاده وأحفاده: «الأرض إن أهملنا رعايتها تصبح كفنًا للذاكرة» (ص 23).

- مقتل الابن رفيق رستم، جد رشا، في شجار محلي على يد أمين شيبوب، شقيق زوجته هدى، وقيام أمها رفقا الغنية المحدثة النعمة بإجبارها على التخلي عن طفلها الوحيد فارس، وتسفيرها إلى البرازيل، والحؤول دون تواصلها معه بإخفاء رسائلها إليه، وتزويجها من عشيقها الأجنبي الذي يتخلّى عنها فور ولادتها منه.

- العثور على هدى مشنوقة بمنديلها في البرازيل.

- موت ثريا زوجة الحفيد فارس إثر ولادة ابنتيها سناء ورشا، ما يجعل الأخيرة تحس بالذنب، وتعيش حالة من التوحد لا تشفى منها إلاّ بالمسرح والكتابة.

- مقتل الحفيد فارس، والد رشا، برصاصة قناص خلال محاولته السفر إلى باريس

لحضور مسرحية تقوم ابنته ببطولتها.

- مقتل سناء، شقيقة رشا مع حبيبها الفلسطيني ماهر في مجزرة صبرا وشاتيلا.

والمفارق أن الجدة سلمى تحملّت هذه المصائب بصبر وثبات، وتقوم بتربية الأبناء والأحفاد وأبنائهم، وتنفذ وصية زوجها في الاهتمام بالأرض وتنقلها لهم، فتتحول إلى شخصية أسطورة تشكّل معادلاً روائيًّا للأرض بعطائها وثباتها.

بالتعالق مع هذه المصائب، ثمة شخصيات أخرى، من أسر أخرى، تلقى مصائر مشابهة؛ فالأستاذ ماجد مزرعاني يُعثر عليه قتيلاً في بيته بعد تخلّيه عن حبيبته نسرين التي قُتلت في جريمة شرف. وضياء العجمي الكاتب والمخرج المسرحي الأثيوبي يطرده والده بعد اكتشاف علاقته الغرامية بدارينا الممرّضة واتهامه بتدنيس مقدّسات الموت، فيعيش غربة داخلية وأخرى خارجية. وشريف صافي الكاتب والممثل المسرحي يلجأ إلى ستراسبورغ هاربًا من أخيه المقاتل في الحرب الذ ي يعيّره بالجبن والتخفّي في شخصيات المسرح هربًا من واجباته الوطنية. وهنا أفتح مزدوجين لأقول إن هذه الشخصية سبق أن تناولتها الكاتبة في روايتها الثالثة «المشهد الأخير. وجهاد الفلسطيني المبتور الساق، ضحية الحرب، يختفي في ظروف غامضة.

في مواجهة اليتم، والتوحّد، والوحدة، والغربة، والاغتراب، التي تعيشها الشخصيات المختلفة، تجترح سبلاً تهرب إليها من واقعها وتتخفّف من أثقالها، والطبيعة والكتابة والتمثيل والمسرح... هي بعض هذه السبل. وهكذا، نكون أمام مجموعة من الشخصيات المعطوبة، بشكل أو بآخر، تلتقي في الحيّز الروائي، وتبحث عن وسائل الخلاص الفردي ممّا تعانيه، وتؤول إلى الموت أو القتل أو الانتحار أو الغربة أو السجن أو المصادرة... ما يضفي على الرواية بعدًا دراميًّا تراجيديًّا طاغيًا.

على أن حكاية رشا المتفرّعة من الحكاية الرئيسية هي الأطول بين سائر الحكايات؛ فهذه التي تموت أمّها فور ولادتها، ويلازمها شعور بالذنب تعبّر عنه بالقول: «كنت تلك التي قتلت أمها» (ص 79)، وتعيش حالة من التوحّد تعبّر عنها بالقول: «... في عالمي الجوّاني بنيت سكني وسكينتي» (ص 81)، يرسلها والدها إلى مؤسّسة للمتوحّدين في بلجيكا، وهناك

يكتشفها ضياء العجمي المخرج المسرحي الأثيوبي ويسند إليها دورًا مسرحيًا تبرع في أدائه، ويُخرجها من «علّة التوحّد إلى وحدة كونية» (ص 194)، تتألّق فيها على أهم المسارح العالمية، حتى إذا ما عادت إلى لبنان لتشييع والدها الذي أودت به رصاصة قنّاص، تقيم مسرحًا باسمه في الخربة الفاصلة بين شطري بيروت أرادته منبرًا للموجوعين وصلة وصل بين الضحايا، غير أن حركة الإعمار تطيح بحلمها، وتتهاوى أحلامها في الوطن تباعًا سواء في الاهتمام بالأرض تنفيذًا لوصية الجد أو بالمسرح أو بالثقافة...، فتحمل حقيبتها وتعود من حيث أتت. وهكذا، تتخذ من الغربة وطنًا بديلاً لأحلامها. وإذا كانت النهاية تنطوي على رسالة سلبية تبعث بها الرواية، فتدعو إلى الهجرة بشكل غير مباشر، فإنها، في المقابل، تبعث برسالة إيجابية تتمثّل في قبول رشا بمصالحة عائلة شيبوب التي تسبّبت، عن قصد أو غير قصد، بمأساة عائلتها، فتسامح أمين الذي قتل جدّها رفيق، وجاء يعرض عليها أن يكون جدًّا لها تكفيرًا عن خطايا أسرته نحو أسرتها. وتتواصل مع رونالدو، ابن جدتها هدى وعم والدها، الذي أراد أن يكمل خطوة خاله أمين، وأراد بحضوره مسرحيتها في ستراسبورغ أن يكون في مقام والدها الراحل.

في الخطاب الروائي، تستخدم مي منسى تقنية تعدّد الرواة، فَتُسنِد إلى الراوي العليم دورًا ضئيلاً في الشكل، وملحوظًا في المضمون، يتمثّل بالربط بين الرواة المشاركين، وتُسند إلى الرواة المشاركين الدور الأكبر في عملية الروي، سواء بشكل مباشر (رشا)، أو غير مباشر (الشخصيات الأخرى). وتتعدد صيغ الروي ضمن الروائي الواحد فتتناوب لديه صيغتا المتكلم والغائب ضمن الصفحة الواحدة، ما يفيد باجتماع العليم والمشارك في الراوي نفسه. وقد يتداخل عدة رواة، فالعليم يحتوي رشا التي تحتوي سلمى بدورها. هذا يضفي على عملية الروي حيوية معيّنة، ويعكس تمكّن منسى من أدواتها الروائية.

الحوار في الرواية هو حوار غير مباشر، فالراوية المحورية تروي تباعًا ما تقوله الشخصيات المختلفة، كلٌ في دورها، ما يمسرح الحوار، فتطل الشخصيات بالتناوب على خشبة النص وفق أدوار محسوبة. أما الحوار المباشر فموجود في الصفحات الثلاث الأخيرة من الرواية بين رشا وظلّها الذي يقوم بدوره شريف صافي، في إطار مشاركتهما في عمل مسرحي.

في اللغة، تستخدم الكاتبة المعجم الريفي الزراعي، على مستوى المفردات والتشابيه،

بما فيه من مفردات محكية، من جهة، وتقنية تعكس نمط العيش الريفي، من جهة ثانية. وبذلك، توحي بواقعية النص، وتشي بنشأتها الريفية وتشبّعها بالقرية اللبنانية وعاداتها وتقاليدها. وفي السياق نفسه، يحضر المعجم الفني بوضوح في النص، على مستوى الأسماء والتشابيه، ويشي بثقافة منسى وعملها ناقدة أدبية وفنية وموسيقية. إلى ذلك، ترتقي بعض عباراتها إلى مستوى الشعر، فيما ينوء بعضها بثقل الإنشاء. وتتناثر أخطاء نحوية في الصفحات المختلفة.

بهذا الخطاب تقدّم منسّى حكاياتها المغمّسة في صحن الوجع الإنساني، وتستكمل مسيرة روائية باشرتها منذ عشرين عامًا، وأفردتها لمآسي الناس وأوجاعهم، فاستحقّت موقعها البارز على خريطة الرواية اللبنانية والعربية.

نبيل سليمان
يبصر العمى

لا يحتاج المرء إلى كبير عناء كي يدرك أنّ العالم المرجعي الذي يمتح منه الروائي السوري نبيل سليمان ويُحيل إليه في روايته الجديدة «تاريخ العيون المطفأة» (دار ميم للنشر ودار مسكيلياني للنشر والتوزيع) هو العالم العربي لا سيّما في لحظته التاريخية التي أعقبت اندلاع الربيع العربي. فالصراع الكامن الذي طفا على السطح في هذا العالم بين السلطة والمعارضة، والممارسات السلطوية، وتحكّم أجهزة الأمن بمفاصل الحياة السياسية، ونموّ ظاهرة الإرهاب على هامش هذا التحكّم، والسوريالية التي تحكم القرارات وتطغى على العلاقات بين المكوّنات الاجتماعية، وغيرها من الظواهر المستشرية في العالم العربي تجد لها أصداءً في الرواية. مع فارق أنّ هذه الظواهر الواقعية في العالم المرجعي تختلط بظواهر غرائبية متخيّلة في العالم الروائي، في إشارة روائية واضحة إلى تخلّف العالم المرجعي وتحكّم الغيبيات بمفاصل حياته اليومية.

انطلاقًا من هذا الفارق، يُطلق الكاتب ثلاثة أسماء متخيّلة على المدن/ البلدان التي تدور فيها الأحداث، هي: بر شمس، كمبا، وقمّورين. غير أنّ القرائن النصّية المتفرّقة التي تتناثر في الرواية، على مسافات متباعدة، تكفي للاستدلال على البلاد المستهدفة. ولعلّ الكاتب يلجأ إلى الخيال الغرائبي تعبيرًا عن واقع البلاد المتخلّف، من جهة، واتقّاءً للسلطات الغاشمة التي تُحصي على الكتّاب أنفاسهم، من جهة ثانية. وهذا مبرّرٌ في هذه اللحظة التاريخية الحرجة. مع العلم أنّ نبيل سليمان يتقن ممارسة التقيّة الأدبية، وقد سبق له أن مارسها في روايات سابقة.

في العتبات، يُجاور الكاتب في العنوان بين ثلاث مفردات، فَيُوفّق في حسن الجوار حين يصف كلمة «العيون» بـ«المطفأة» ما يمنح العنوان شعريّته القائمة على التضاد بين الكلمتين، فالغالب في العيون أن تكون مبصرة والنادر أن تكون مطفأة. ويجانبه التوفيق حين يستخدم

كلمة «تاريخ» في عنوان روائي، فالرواية ليست تاريخًا للأحداث بل هي انقلاب على ترتيبها التاريخي. أمّا في عناوين الوحدات السردية الثماني والأربعين التي تشكّل الرواية فهو يستخدم كلمة «العين» ثمانيًا وأربعين مرّة موصوفةً، في كلّ منها، بعدد ترتيبي. وهذا التكرار يشير إلى المكانة التي تشغلها المفردة في العتبات والمتن، على حدٍّ سواء، مع فارق أن ورودها في المتن يتمّ بمعنى سلبي هو «العمى»، على المستويين الحقيقي والمجازي/ الرمزي.

في المتن الحكائي والخطابي، يتخذ سليمان من العمى، على أنواعه، موضوعة لروايته، ليحيل إلى عالم مرجعي أعمى منذ العام 1948، فظاهرة ضعف البصر «أخذت تفشو في كمبا وقمّورين، بل وفي بر شمس، ربما منذ حرب 1948»، يقول الراوي (ص 103). على أن هذه الموضوعة تكاد تكون غير مطروقة في الرواية العربية بينما يطرقها الأدب العالمي في رواية «العمى» للبرتغالي جوزيه ساراماغو، ورواية «أرض العميان» للبريطاني هربرت جورج ويلز، ومجموعة «صراع العميان» القصصية الساخرة للتركي عزيز نيسين، على سبيل المثال لا الحصر. وتَناوُلُ هذه الموضوعة يتمّ، من خلال الأحداث الروائية، بطبيعة الحال، تلك التي تقول: هيمنة السلطة الأمنية وطغيانها، استشراء الفساد، تفكّك الأسر، إجهاض العلاقات قبل أن تؤتي ثمارها، ولادة الإرهاب كردّة فعل على القمع ومصادرة الحريات، وغيرها. وهي أحداثٌ تنخرط فيها الشخصيات من موقع الفعل حينًا وردّ الفعل أحيانًا. ولكلّ شخصية سلكُها الذي يطول أو يقصر بحسب مقتضى الحال الروائي/ الفني. مع العلم أنّ طول السلك أو قِصَرَه ليس بالضرورة مؤشّرًا على أهمية الشخصية الروائية. أليست هذه حالنا في العالم العربي؟

تنتمي شخصيات الرواية بمعظمها إلى الطبقة الوسطى، فنجد بينها: الطالب الجامعي (مولود، أماني، مليكة)، رئيسة اتحاد الطلبة (جورية رمضان)، الأستاذ الجامعي (الدكتور لطيف)، الكاتبة والعازفة والرياضية (آسيا)، المحامي (الأستاذ شعيب)، الطبيب والناشط الإنساني (سدير الركني)، المهندسة الزراعية (مرتا)، صاحب المؤسسة (الدكتور أغيد، شيماء)، تاجر السلاح (عبد المهيمن)، الضابط (الكولونيل رائد دوكان، اللواء مشرق، العقيد معاوية). وهي شخصيات تتحرك في فضاء مكاني واسع ومتعدّد، يشمل المدن المتخيّلة الثلاث وأثينا وباريس. وتتفاعل فيما بينها في فضاءات مكانية ضيقة، تشمل الفيلا والمطعم والفندق ومركز الأمن وغيرها. على أن الحضور النصّي يختلف من شخصية إلى أخرى،

وتتفاوت الأسلاك التي تنتظمها في الطول، وتخضع في حضورها على مسرح الرواية لجدلية الظهور والاختفاء، مع الإشارة إلى أن أهمية الشخصية وحضورها في العالم المرجعي لا يتوازى مع أهميتها وحضورها في العالم الروائي؛ فسلكُ مولود، الطالب الجامعي والموظّف، في الرواية هو أطول بكثير من سلك أخيه معاوية، ضابط المخابرات، ورغم ذلك فإنّ الدور الذي يقوم به الأخير هو أخطر بكثير من دور الأوّل، على سبيل المثال.

يتبيّن لنا، من خلال رصد حركة الشخصيات، أنّ العمى، بمعنييه الحقيقي الحصري والمجازي المتعدّد، هو محور اهتمامها؛ ففي كلّ مدينة من المدن المتخيّلة الثلاث ثمّة حارة للعميان. الدكتور لطيف وشيماء مصابان بالعمى الطبيعي. مولود يشغله هاجس العمى بعد إصابة والديه به. أماني تعدل عن الزواج من مولود في اللحظة الأخيرة لخوفها أن تُصاب به، الأمر الذي يحدث لاحقًا. آسيا تُصاب بضعف البصر. ومعاوية ضابط المخابرات الذي يجعل من قلع العيون تجارة له يأكل من السمّ الذي طبخه في نهاية الرواية. مع الإشارة إلى أن العمى الطبيعي تحوّل إلى امتياز لصاحبه على المبصرين في حالات لطيف وشيماء وفرقة الكفيفات الراقصات بينما شكّل العمى المجازي، بتمظهراته السياسية والأمنية والاقتصادية، نقمةً على المصابين به الذي هم في عمائهم يعمهون.

ويتبيّن لنا أن هذه الشخصيات تنقسم فيما بينها، في الموقف من السلطة والمعارضة، فيقف الضباط في صفّ السلطة ويشكّلون أدوات للاستبداد، وتقف معظم النساء والمحامي والأستاذ الجامعي والناشط الإنساني في صف المعارضة ويدفعون الأثمان الغالية التي تتراوح بين الاختطاف والقتل والإخفاء والنفي والتهجير. وثمة فريق بين الفريقين تبعًا للمصالح والظروف. ويصل الانقسام إلى داخل الأسرة الواحدة؛ فتنقطع العلاقة بين آسيا وأبيها الكولونيل الذي تتهمه بالوقوف وراء خطف صديقها سدير وقتله مع رفيقيه، وتعارض مليكة السلطة بشجاعة بينما ينخرط أخوها وعد في أعمال الإرهاب ويقف أخوها عهد المهندس الانتهازي على الحياد، وفي حين يتورّط عبد المهيمن في تجارة السلاح والتعاون مع الإرهابيين يرتكب أخوه العقيد معاوية أبشع الممارسات ويتعاطى أبشع التجارات فيما يترجّح أخوهما الأكبر مولود بين الموقفين تبعًا لانتهازيته والضغوط التي تُمارس عليه. وتتعاون شيماء مع السلطة بينما يتعاطف زوجها صقر مع المعارضة. على أنّ المنظور الغالب على الرواية هو تحميل السلطة المسؤولية عمّا آلت إليه الأمور.

في ضوء هذا التموضع للشخصيات المختلفة، في فضاء روائي حربي، تتمخّض الأحداث عن علاقات مُجهَضة لا تؤتي ثمارها، ومسارات وعرة تؤول إلى مصائر قاتمة؛ فعلاقة الحب بين مولود وأماني تنقطع بموقف مبدئي من الثانية، والعلاقة بين مولود ومليكة تنتهي بعد اكتشافها خيانته وتآمره عليها. والعلاقة بين آسيا وسدير تموت بعد اختطافه والتخلّص منه. فالرواية مختبر لأنماط مختلفة من العلاقات، يغلب فيها السلبي على الإيجابي، الأمر الذي يتناسب مع العالم المرجعي الذي تُحيل إليه. ولعلّ المصائر التي آلت إليها الشخصيات المختلفة هي نتاج طبيعي لمساراتها الوعرة، التي نادرًا ما اختارتها وأُجبرت على سلوكها غالبًا؛ فالأستاذ شعيب يموت في السجن، وأماني تُصاب بالعمى، وسدير يُخطَف ويُقتَل، وآسيا يضعف بصرها، ومليكة تهاجر، ومولود تقتله أجهزة الأمن، ومعاوية يَعمى، والآخرون ينتظرون مصائر مشابهة.

بالعودة إلى الخطاب الروائي، يمتلك نبيل سليمان قدرة واضحة على هندسة الرواية، فهو يُمسك بالأسلاك المختلفة، التي تنتظمها ثمانٍ وأربعون وحدة سردية، تستقلّ الواحدة منها عن الأخرى، ويُخضع تلك الأسلاك للعبة الظهور والاختفاء بما يخدم إستراتيجيته الروائية. ويستخدم تقنيات سردية مختلفة، بينها السرد والحوار والرسالة والمذكّرات واليوميّات والحكاية الشعبية وغيرها. وهو يفعل ذلك بلغة طلية، رشيقة، تؤثر الجمل القصيرة والمتوسطة، وتتكئ على الأمثال الشعبية ما يوهم بواقعية النص على غرابة بعض أحداثه. وبهذه الأدوات والحكايات، استطاع الكاتب أن يبصر العمى، ويبصّرنا به، لعلّنا ننجح في اجتنابه.

نجاة عبد الصمد
في مجتمع محافظ

«خطأ صغير في القياس أزاح مصيري بضعة أمتار، من صدر بيت الجيران إلى غرفة الكَرَش في قعر بيت أهلي». هذا ما تقوله حياة أبو شال، راوية وبطلة رواية «لا ماء يرويها» للروائية السورية نجاة عبد الصمد في الصفحة الأولى من الرواية (منشورات ضفاف/ منشورات الاختلاف). هذه الإزاحة التي لا تتعدّى بضعة أمتار، على المستوى المكاني، تستغرق أربعين عامًا من عمر البطلة، على المستوى الزماني، تتحرّك خلالها الحوادث الروائية؛ فبيت الجيران هو بيت الحبيب، وغرفة الكَرَش هي المكان الذي تنفّذ فيه حياة عقوبتها، بعد طلاقها من الزوج، في مجتمع ريفي محافظ، تتحكّم فيه منظومة أعراف وتقاليد مقدّسة يكون نصيب من ينتهكها العقاب، وتُعتبَر المرأة الحلقة الأضعف في هذه المنظومة.

من النهاية تبدأ الرواية، ففي الصفحات الأولى، تروي حياة حكاية دفعها إلى غرفة الكرش، في قعر بيت أهلها، لتمضي عقوبة التجرّؤ على الحب والحلم هربًا من كابوس الواقع الذي يُجسّده الزوج خليل، والرواية الممتدّة على نيِّفٍ ومائتين وخمسين صفحة تقول الحوادث التي تراكمت وتعاقبت، وأدّت إلى مثل هذه النهاية.

تدور الحوادث في منطقة جبل العرب السوريّة، وتتراوح بين فضاء ريفي زراعي هو «مرج العكّوب» أو «خربة الذياب» وآخر مديني هو السويداء أو بيروت، وتتحرّك في مدى زمني هو النصف الثاني من القرن العشرين، وتحيل على عالم مرجعي نادرًا ما تناولته الرواية العربية، هو مجتمع الموحّدين الدروز في تلك المنطقة الذي لا يختلف عن المجتمعات العربية الأخرى المحافظة، في خضوعه لمنظومة قيم اجتماعية تحدّد دور كلٍّ من المرأة والرجل في دورة الحياة الاجتماعية.

تلعب حياة أبو شال دور الشخصية المحورية في الرواية؛ تروي الوقائع، تستعيد الذكريات، تنخرط في الحوادث، وتتحمّل تبعات انخراطها، وتدفع ثمن الخيارات التي لجأت إليها مكرهة أو مختارة؛ فتنشأ في أسرة شبه مفكّكة على تخوم المدينة، لأبٍ موظّفٍ في النافعة هو مرهج أبو شال، وأمٍّ ميتة مع وقف التنفيذ هي ذهبية أبو شال، ابنة عمّه التي أكرهها على الزواج منه، إثر ضبطها في حالة حب مع رجل من عائلة أخرى، وفي إخوة وأخوات لا يعرفون معنى الأخوّة، فتراهم «مجموعة غرباء ساقتها بومة عمياء إلى هذا الدغل»، على حد تعبيرها (ص 31). غير أنها تعوّض عن هذا الاغتراب بعلاقاتها مع زميلات الدراسة: غادة وأرجوان وسحر ونجوى... اللواتي يكون لكلٍّ منهنّ مصير مشابه لمصير حياة، بشكل أو بآخر.

في أسرتها، تعيش حياة قسوة الأب وخضوع الأم وتنكّر الإخوة والأخوات والتمييز الجندري بين الصبي والبنت، وفي المدرسة، تعيش لحظات جميلة مع زميلاتها يبرز خلالها ميلها إلى اللهو والمشاغبة ما يقيم توازنًا بين العيشين...، وحين تُسوّل لها نفسها الوقوع في حب ناصر الزعفراني، ابن «خربة الذياب» الذي يبادلها الحب ويَعِدُها بالزواج، يصطدم برفض أمّه ارتباط ابنها بابنة عدوّتها أم ممدوح، فيهدّدها بالالتحاق بالعمل الفدائي، وينفّذ تهديده تاركًا حياة لمصيرها وذكرياتها وخيبتها، حتى إذا ما تقدّم لها خليل أبو شال طالبًا يدها، وأسرتها تعاني الظمأ إلى عريس، يُكرهها أبوها على الارتباط به ضاربًا بحبّها وأحلامها في الدراسة الجامعية عُرض الحائط، لتبدأ جلجلة حياة زوجية تقوم على القهر والقمع والبخل والاغتصاب الزوجي والإنجاب.

وإذ يعود ناصر من غيابه الطويل، تستيقظ فيها ذكريات الماضي الجميل، فترى نفسها منساقة إلى اللقاء به ليعرض عليها السفر إلى رومانيا والبدء من جديد، فتُحكّم عقلها في مشاعرها، وتقرّر البقاء مع أسرتها، الأمر الذي لا يشفع لها عند زوجها، وابنها سلطان الذي كان يراقبها، فيقوم الزوج بطلاقها لتعود إلى بيت أهلها عارًا تتمّ مواراته في غرفة الكرش تنفيذًا لحكم جائر. تدفع ثمن حبّها مرّتين اثنتين؛ مرّة حين يتوارى ناصر، وأخرى حين يعود. تعبّر عن ذلك بالقول: «ناصر، قد كسرْتَ حياتي مرّتين: تواريْتَ حين كان عليك أن تعود، وعدْتَ حين كان عليك أن تتوارى» (ص 12).

وهكذا، تتموضع حياة بين قسوة الأب وذكوريّة الزوج وعقوق الابن وإخلاف الحبيب، وتُمظهر موقع المرأة في مجتمع محافظ ترتقي فيه العادات والتقاليد إلى مرتبة القداسة.

هذا التموضع الظالم لا يقتصر على حياة وحدها، بل يقع على نساء أخريات في الرواية من جيلها والأجيال السابقة؛ فجدّتها لأمها تُرَحَّل مع بناتها الأربع إلى بيت أبيها بعد موت زوجها، وعمّتها لزوجها زين المحضر تُطَلَّق من زوجها المتديّن لقبولها الهدايا ممّن يرقي لهن، وأمّها ذهبية أبو شال تُكرَه على الزواج من ابن عمّها لضبطها في حالة حب، وأرجوان زميلة الدراسة تعود مطلّقة من البرازيل لرفضها أن تكون أداة بيد الزوج لكسب المال وإرضاء زعيمه، وسحر تُقتل لزواجها من خارج الطائفة،... على أن الظلم الواقع على المرأة قد تشارك فيه المرأة، حتى وإن كانت هي ضحيّة الظلم، فلا تتورّع الأم التي ظُلِمَت عن ظلم ابنتها بدورها، كما هي حال ذهبية وحياة. يبقى أن العمّة زين المحضر، رغم وقوع الظلم عليها، تُمثّل نموذجًا آخر للمرأة، إيجابيًّا، في العالم المرجعي الذي تحيل إليه الرواية، بما تمتلكه من حب وخبرة وبعد نظر، فهي حكيمة القرية، وقابلتُها القانونيّة، وطبيبتُها العربية، ما يعني أن التعميم في رسم صورة نمطية للمرأة هو في غير مكانه.

وإذا كانت صورة المرأة في الرواية هي صورة سلبية غالبًا، فإنّ صورة الرجل لا تقلّ عنها سلبيّةً، ولكن من موقع مغاير؛ فهي المظلومة وهو الظالم. وتتمظهر هذه السلبية في: الزوج الذي يقمع زوجته ويضربها (مرهج، خليل)، الأب الذي يُكرِه ابنته على الزواج (مرهج)، الابن العاقّ الذي يتآمر على أمّه ويراقبها (سلطان)، والحبيب الذي يتوارى ويظهر في التوقيت غير المناسب (ناصر)... وهنا، أيضًا، تقع الكاتبة في التعميم، ففي العالم المرجعي للرواية ثمّة نماذج أخرى لرجال يُجسّدون الرجولة بأبهى معانيها.

إلى ذلك، ثمّة مواقف غير مقنعة في سلوك بعض الشخصيات الروائية؛ **فإصرار** حياة على حب ناصر رغم تواريه سنوات طويلة لم يسأل عنها، أقام خلالها علاقات عابرة، **والبقاء على** حبّه رغم إنجابها أربعة صبيان، فتندفع إلى مواعدته حين يعود دون تقدير عواقب تصرّفها، في مجتمع محافظ، يفتقران إلى الواقعية، ناهيك عن القصاص القاسي الذي تناله المطلّقة في بيت أهلها، ومن الأم بالتحديد، حتى وإن كانت مظلومة، الأمر الذي يجانب الواقع، ويجرّد الأم من وظيفتها الطبيعية.

في الخطاب الروائي، تتمخّض الرواية عن كفاءة واضحة تمتلكها نجاة عبد الصمد في ممارسة الفن الروائي؛ فتستخدم تقنيّات حديثة في الروي، من خلال: تعدّد الرواة، وتنوّع صيغ السرد، وكسر نمطيّته، ونسف البنية التقليدية للرواية...، وهي تنثر الحكايات على مدى

الصفحات، ولا تقدّمها دفعة واحدة، وتترك للقارئ تركيب بازل الحكاية، وتتقن الإمساك بخيوط السرد والتصرّف بها، وتزاوج في النص بين: السرد الروائي، والمدوّنات الخطّية، والمرويّات الشفهية، والأوراق الخاصّة، والرسالة...، وهي تُنوّع في موضعة هذه المكوّنات النصّية، فترد في بداية الوحدة السردية أو وسطها أو نهايتها، وتُدخلها في عملية تناغم مع النصّ الأصلي بشكلٍ عام، غير أنّ بعض هذه المكوّنات، على اختلافها، يبدو واهي الصلة بالسياق، ومقحَمًا عليه (ص 234، 235). على أنّ هذه المكوّنات، على اختلافها، حافلة بالأمثال الشعبية، والأغنيات، والأقوال الدينية، ما يُوهم بواقعيّة النص، ويُقدّم صورة صادقة عن العالم المرجعي المختص.

ولعلّ ما يزيد من هذا الإيهام المفردات الكثيرة التقنية والمحكية التي استخدمتها الكاتبة في لغتها الروائية، ما يضيء البيئة وأنماط العيش وأدواته والعادات والتقاليد، ويجعل من النص وثيقة أنثروبولوجية مفيدة. غير أن لجوء الكاتبة إلى تفصيح بعض المفردات، رغم وجود المرادف الفصيح لها، يبدو في غير مكانه كاستخدامها كلمة «استواء» للطبخة بدلاً من نضوج الفصيحة (ص 17). أمّا على مستوى التركيب اللغوي فتتوافر له السلاسة والمرونة والانسيابية، ويجنح نحو أدبيّة محبّبة في بعض مستوياته.

بهذا الخطاب الروائي وحكاياته، تُقدّم نجاة عبد الصمد رواية جميلة، محبوكة بحِرَفيَّة عالية، تعرف كيف تصطاد القارئ وتُوقعه في شِباكها، لكنه في المقابل، لا يكون مجرّد صيد، فيصطاد المتعة والفائدة.

نزار آغري
نحوَ ربيعٍ كردي

في «شارع سالم»، روايته الصادرة مؤخّرًا (نوفل)، يقوم الروائي والمعرّب السوري الكردي نزار آغري بتفكيك آليّات ممارسة السلطة في كردستان العراق، من قبل الأكراد أنفسهم، بعد سقوط النظام العراقي البعثي، إثر الاحتلال الأميركي للعراق، في العام 2003. وهو يفعل ذلك من خلال رصد التحوّلات في مدينة السليمانية والشارع الطويل الذي يخترقها المسمّى بـ«شارع سالم». وهي تحوّلات سلبية، في معظمها، تطاول المدينة ومرافقها، والسكّان وأنماط عيشهم، والسلطة الكردية الطارئة التي تتقمّص السلطة البعثية الراحلة في ممارساتها الاستبدادية وآليّات اشتغالها، وتتفوّق عليها أحيانًا...، لذلك، كثيرًا ما تتمخّض المقارنات الكثيرة التي ينخرط فيها الكاتب عن تفضيل الأولى، على استبدادها، على الثانية الغارقة في الفساد والاستبداد. وكأنه كُتِبَ على الكرد أن يهربوا من تحت «دلفة» البعث إلى تحت مزراب «البيشمركة».

«شارع سالم» روايتان اثنتان في واحدة؛ رواية الواقع، ورواية الحلم. والعلاقات بين الروايتين هي علاقات تعاقب في الشكل، وتوازٍ وتقاطع وتصادٍ وتكامل في المضمون. والروايتان كلتاهما تضيء ممارسات السلطة الكردية الحاكمة المتمظهرة في: الاستبداد، والفساد، والقمع، وكمّ الأفواه، وتصفية المعارضين، والإثراء غير المشروع، وتبديد الثروات على الحاشية والأتباع، والسيطرة على مقدّرات البلاد، والفجوة الكبيرة بين القلّة الغنية والأغلبية الفقيرة، والحكم الأُسَري الفاسد، وصرف النفوذ، وعطالة البطانة المحيطة بالأسرة الحاكمة، وغيرها. تمتد رواية الواقع على مدى تسعٍ وخمسين وحدة سردية، لكلٍّ منها استقلاليّتها النسبية، تتعاقب دون ترابط مباشر بين وحدة وأخرى إلاّ في إضاءة واقع الحال، وفضح ممارسات السلطة، على شكل وقائع جزئية، مستقلّة، ومستلّة من سياق عام. غير أن سلكًا خفيًّا ينتظمها، وشهادة الراوي عليها أو انخراطه فيها تجعلها تتكامل في المناخ نفسه.

وتمتد رواية الحلم على مدى أربعٍ وعشرين وحدة سردية، تتخلّل الوحدات الواقعية، وهذه الوحدات تحمل العنوان نفسه مع فارق الترقيم، فنحن إزاء أربعةٍ وعشرين حلمًا مختلفًا، يتمحور معظمها حول الراوي نفسه، ويروي بعضها الراوي العليم، وهي تتعالق مع الوحدات الأخرى الواقعية أفقيًّا في إطار جدلية الواقع/ الحلم، وتشكّل خلفيات لها، وتتعالق فيما بينها عموديًّا لتشكّل رواية ضمن الرواية. وكأن الكاتب أراد من هذه البنية الروائية المركّبة أن يدخلنا في لعبة مرايا يتبادل فيها الحلم والواقع الأدوار والمواقع. على أن الأحلام في «شارع سالم» لا علاقة لها بالأحلام، بالمعنيين المعجمي والاصطلاحي، بل هي مجموعة من الكوابيس تتكامل مع كوابيس اليقظة في إضاءة الواقع السلطوي المتردّي في كردستان العراق.

في بداية الرواية، نرى الأسرة الحاكمة تقبض على أزمّة الأمور، وتفلح في بناء فردوسها الأرضي وإقامة عرس أسطوري لسوباد الابن الأكبر للرئيس الذي يقيم مع أخيه في شقة فخمة في لندن. في نهايتها، يتمّ رشقه مع زوجته بالحجارة وإحراق طائرتهما وإجبارهما على مغادرة كردستان. وبين البداية والنهاية، يجري رصد المسارات التي أدّت إلى هذا المصير، على لسان بيكاس هردي، الصحافي الذي يُسند إليه الكاتب فعل الروي، فيروي ما عاينه وشارك فيه واختبره راويًا شريكًا. وبنتيجة الروي، تتوزّع الشخصيات الروائية على: شخصيات مقموعة، وأخرى قامعة. على أنّ أنواع القمع المرصودة في الرواية تتراوح بين: التهديد، والوعيد، والأسر، والقتل، والتنكيل، ومصادرة الحرية، وكم الأفواه، والإخفاء، وغيرها...، ممّا دأبت السلطات الاستبدادية في هذا العالم الثالث على ممارسته، دون حسيب أو رقيب، حيث يتعدّد المقموعون فيما القامع واحد، السلطة وأدواتها.

الشخصيات المقموعة في الرواية تتوزّع على فئاتٍ ثلاث؛ فئة الصحافيين المعارضين للسلطة وفسادها، وشخصيات هذه الفئة على شيء من الجرأة والمبدئية والمثالية والتمرّد، ما يجعلها تصطدم بجدار السلطة وتدفع أثمانًا غالية؛ فبيكاس هردي، ابن شهيد، ورئيس تحرير مجلّة أسبوعية، يعبّر عن هواجس الناس، ويعرّي أدوات الفساد، ويرفض كلّ محاولات التدجين والإغراءات التي قُدّمت له ليصمت، فيتعرّض للتهديد بالقتل وإقفال مجلّته بالشمع الأحمر، ويخسر بعض زملائه المقرّبين. وليلى، ابنة شهيد، ومذيعة وصحافية تسعى لنبش وقائع الفساد وكشف المستور والتصدّي للظلم، وتضرب بالتحذيرات التي

تلقّتها عُرض الحائط، فيتمّ قتلها. وجليل بيوار صحافي يُقتل بسبب مقالاته ضدّ الرئيس. وكاوه كرمياني رئيس تحرير مجلّة شهرية يلقى المصير نفسه لكشفه مكامن الفساد السياسي. يصحّ في هؤلاء قول الراوي: «أن تكون صحافيًا في هذه المدينة يعني أنك مشروع قتيل» (ص 307).

الفئة الثانية المقموعة هي فئة مصابي الحرب الذين يحملون آثارها على أجسادهم، تتخلّى عنهم السلطة، وتنسى تضحياتهم، فيتحوّلون إلى متسوّلين على أبواب الجوامع، ومنهم سركلو الذي بُترت ساقه خلال القتال إلى جانب البيشمركة، وقادر الذي لم تشفع له تضحياته وكهولته فتحوّل بدوره إلى متسوّل، وسواهما، على أن بعض شخصيات هذه الفئة لم يتخلَّ عن ممارسة حقّه في الانتقاد والبوح بما يعرفه من أسرار. أمّا الفئة الثالثة من الشخصيات المقموعة فهي من النساء اللواتي وقعن ضحية القمع الاجتماعي الذكوري، من جهة، والقمع السياسي السلطوي، من جهة ثانية، ما أدّى بهنّ إلى مصائر قاتمة؛ فساجدة يدفع بها الاستبداد والعوز إلى امتهان الدعارة. ووردة التي يُكرهها أهلها على الزواج من ابن عمٍّ لا تحبّه، تفرّ منه لتقع بين براثن سرمدون أحد الأثرياء المقرّبين من الرئيس، فيستولي عليها، ويعصرها، ويرميها، لتتحوّل إلى نادلة في بار، وقد غيّرت اسمها خوفًا من الأهل، وهكذا، يصادر القمع الاجتماعي والسياسي حريتها وجسدها وهويّتها. ووجيهة زوجة مسؤول حزبي كبير يطلّقها ويجني عليها حتى إذا ما شُوهدت مع رجل في أحد البارات تُقتل غسلاً للعار، وهكذا، تُعاقب الضحية وينجو الجاني بفعلته، على أنّ شخصيات هذه الفئة هي الأكثر مغلوبية على أمرها بين الفئات الثلاث المقموعة.

الشخصيات القامعة المستأثرة بالحكم في الرواية تتوزّع بدورها على: أقرباء الرئيس من الأبناء والزوجة وشقيقتها، ممّن يحتكرون السلطة ويستأثرون بالثروة. وأعوانه ممّن يجمعون المال بأساليب مشبوهة، ويبرمون الصفقات، ويملكون المرافق السياحية كسرمدون الفاسد، عبد الشهوة والمال. والمسؤولين في السلطة كبهزاد دوغياني مسؤول الإعلام الفاسد الذي يمارس الكذب والنفاق والاحتيال والادعاء والسرقة والابتزاز والرذيلة، ويجسّد الخسّة على أفضل وجه، ولا يتورّع عن القتل وتصفية المعارضين، وجوهر مسؤول الإعلام الجماهيري الفاسد بدوره، وسوسرت نبي نائب القائد، وعلى رأس هؤلاء جميعًا هذا الأخير، القائد، الذي يجمع المتناقضات في شخصه، ويُشكّل صورة مشوّهة عن الرئيس البعثي السابق.

على أنّه لا بدّ من الإشارة إلى أن بعض القامعين تحوّلوا إلى مقموعين، وبعض المقموعين تحوّلوا إلى قامعين، بفعل الظروف التي مرّوا بها.

إن الصراع بين القامعين والمقموعين في الرواية ينجلي في النهاية لمصلحة الأخيرين. وبذلك، تسير الرواية على إيقاع التاريخ الذي يفيد أن الظالم إلى زوال، والنصر في نهاية المطاف للمظلوم، ولو طال الزمن. من هنا، تشكّل الانتفاضة التي اندلعت في السليمانية، ذات يوم، دون سابق إنذار، نقطة تحوّل في مسار الأحداث، تنضمّ فيها البيشمركة إلى الشعب، فينتصر على ظالميه، ويتحرّر من طغيانهم. ويتمظهر ذلك في الرواية من خلال الوقائع الآتية:

مقتل بهزاد على يد سوسرت انتقامًا لابنه شبال الذي شكّل قتله شرارة الثورة، موت جوهر اختناقًا تحت أقدام المتظاهرين، طرد ابن الرئيس سوباد وزوجته خارج كردستان، إصابة الرئيس بالجلطة الدماغية...، وهكذا، تنتهي الحكاية باندثار الظالمين، وبقاء المظلومين ليبدأوا من جديد. يقول الراوي: «هذه نهاية الحكاية ولكنها البداية أيضًا» (ص 320). ولعلّ الواقعة الروائية التي تشكّل مؤشّرًا على هذه البداية هي قيام بيكاس بزيارة قبر ليلى ووضع الأزهار عليه للمرة الأولى.

في «شارع سالم»، يرصد نزار آغري مراحل أربع مرّت بها السليمانية في تاريخها الحديث، هي: ازدهارها في ظل النظام البعثي رغم استبداده، القمع في ظل النظام الكردي المستجد، الانتفاضة على النظام وأدواته، والتحرّر من ربقته. وبذلك، تصدّر عن منظور روائي متفائل لحركة التاريخ، وتبشّر بانتصار الربيع مهما طال الشتاء. وهو استطاع، بالحكاية، والخطاب، والبنية المركبة، والتقنيات السردية، واللغة الجميلة، والتشابيه الطريفة الجديدة، أن يقدّم رواية جميلة تمتع قراءتها وتفيد.

نزار شقرون
بين الناقوس والمئذنة

كثيرًا ما حصلت العلاقة الروائية بين الجنوب والشمال على أرض الأخير، كما نرى في «موسم الهجرة إلى الشمال» للروائي السوداني الطيّب صالح، و«الحي اللاتيني» للروائي اللبناني سهيل إدريس، و«عصفور من الشرق» للروائي المصري توفيق الحكيم. غير أن الروائي التونسي نزار شقرون يقلب الآية في روايته «الناقوس والمئذنة» (دار جامعة حمد بن خليفة للنشر) بجعلها تحصل على أرض الجنوب ممثّلاً بمدينة صفاقس التونسية، فيرصد تمظهرات هذه العلاقة، على مستوى الأفراد والمؤسسات، ويرسم مساراتها ومصائرها.

بالدخول إلى الرواية من عنوانها، تنتمي مفردة «الناقوس» إلى الحقل المعجمي للمسيحية، وتنتمي «المئذنة» إلى الحقل المعجمي للإسلام، ما يطبع العلاقة بالطابع الديني، على أن تمظهرات هذه الثنائية المتضادّة في العنوان تتعدّد داخل المتن وتتقمّص مجموعة من الثنائيات الجدلية، الإنسانية والمكانية والزمنية والدينية والثقافية والحضارية، يتحرّك بينها الراوي، وتنعقد بينها جملة مقارنات كثيرًا ما تصب في مصلحة الشمال، على اختلاف مفرداته. ومن هذه الثنائيات: الأنا/ الآخر، وليد/ فانيّا، العبّادي/ الأب دومينيك، تونس/ فرنسا، صفاقس/ باريس، المقبرة الإسلامية/ المقبرة المسيحية، الشرق/ الغرب، الجنوب/ الشمال، الماضي/ الحاضر، الإسلام/ المسيحية، الإسلام/ اليهودية، الجامع/ بيت الآباء...، والحكاية هي هذه الحركة بين طرفي كلٍّ من هذه الثنائيات، ذات الحضور المتفاوت في المتن كمًّا ونوعًا.

تنتظم علاقة الحب الناشئة بين وليد، الفتى التونسي المسلم الذي يحلم بدراسة السينما في باريس بعد تخرّجه من الثانوية العامة، وجارته فانيّا، الفتاة الفرنسية المسيحية المتحدّرة من أب فرنسي وأم يونانية التي تصغره بعامين اثنين وتعاني عرجًا طفيفًا في رجلها، أحداث

الرواية. وتروح تنمو شيئًا فشيئًا، من خلال لقاءاتهما في «عش البازو» على سطح بيته، وجولاتهما في مرافق المدينة، وأحاديثهما المتنوّعة، وأحلامهما المشتركة. وتتّخذ هذه العلاقة مسارًا إنسانيًا يتخطّى الفروقات الدينية والثقافية والحضارية، ما يطبعها بطابع مثالي إلى حدٍّ كبير. وتأتي زيارات فانيّا المتكرّرة إلى فرنسا لتؤجّجها. على أن خيط الأحداث ينقطع عند نقطة معينة في نهاية الرواية دون أن نتبين مآل العلاقة بينهما، على المستوى الفردي، وإن كان هذا المآل يبدو واضحًا، على المستوى الرمزي، من خلال القبض على وليد، بعد مشاركته في تظاهرة تطالب بإسقاط بو رقيبة، والتحقيق معه بتهمة حرق مكتبة الآباء وقتل الأب دومينيك، الأمر الذي لا علاقة له به، وهو إن دلّ على شيء إنّما يدلّ على أنّ سلطة الأنظمة والمؤسسات أقوى من رغبات الأفراد ونزعاتهم الإنسانوية.

تلعب شخصية وليد في الرواية دورًا محوريًّا، في الشكل والمضمون؛ في الشكل، هو الراوي الذي يعهد إليه الكاتب بعملية الروي، هو الشاهد على الأحداث والمنخرط فيها، هو الطرف الثابت في علاقة تشكّل الشخصيات الأخرى طرفها المتغيّر، وهو الذي ينخرط في حوارات ويرتبط بعلاقات مع الجميع. في المضمون، هو المنفتح على الآخر الذي يرى فيه أناه الأخرى، هو الباحث عن الحقيقة في الجامع وبيت الآباء، وهو المنخرط في علاقة صداقة مع الأب دومينيك رجل الدين المسيحي والعبّادي الإسلامي المتشدّد. وفوق ذلك كلّه، هو الذي يحبّ فانيّا المختلفة دينيًّا وقوميًّا وحضاريًّا. ولعلّ إنسانوية هذه الشخصية تتمظهر، بشكل واضح، في واقعتين اثنتين؛ الأولى أنه يرى في بداية علاقته بفانيّا تعويضًا عن أخته الراحلة سهى، فيرتقي بالأخوّة، كما فعل بالحب، فوق اللغة والدين والقومية. الثانية أنّه يحبّها رغم عَرَجها، فيرتقي بالحب فوق النقص الجسدي إلى نوع من الكمال الروحي.

على هامش العلاقة، تختلف مواقف أتباع «الناقوس» عن مواقف أتباع «المئذنة»، في الدرجة أكثر منها في النوع، ذلك أن الفريق الأوّل يتحفّظ على هذه العلاقة بينما الثاني يرفضها، ولكلٍّ منهما مبرّراته. ووليد هو موضع تجاذب بين الفريقين.

في الفريق الأوّل، ثمّة الأب دومينيك، رجل الدين المسيحي، الذي يمدّ يد المساعدة للآخرين بمعزل عن انتمائهم الديني، ويبتعد عن تكفيرهم، ويلعب دور الصديق الناصح لوليد، فيشير عليه بالابتعاد عن فانيّا للاختلاف بينهما، وبعدم السفر إلى الغرب لأنه أصبح خاليًا من الروح. وثمة الطبيب فرنسوا، والد فانيّا، الذي لا يبدي اعتراضه على العلاقة. وثمة

الأم اليونانية صوفيا، والدة فانيّا، التي تتواطأ معها ضمنيًّا للمضي في خيارها.

في الفريق الثاني، ثمّة العبّادي، صديق وليد الأصولي المعجب بالثورة الإيرانية، الذي يأخذ على وليد علاقته بالأب دومينيك وفانيّا وابتعاده عن الصلاة، ويحاول اجتذابه إلى صف الجماعة المتشدّدة التي ينتمي إليها، وينساق إلى العنف الكلامي رغم شخصيته السلمية. وثمّة والد وليد الذي يضيق ذرعًا بعلاقة ابنه بالآخرين. وثمّة أمّه التي تريد منه الابتعاد عن المسيحيين.

وهكذا، في حين تبدي السلطة الدينية ممثّلةً بالأب دومينيك، في الفريق الأول، تحفّظها على العلاقة، وتبدي السلطة الاجتماعية ممثّلةً بولدي فانيّا قبولاً سلبيًّا بها بصمتها وتواطؤها، نرى أن السلطة الدينية ممثّلةً بالعبّادي، والسلطة الاجتماعية ممثّلةً بوالدي وليد، في الفريق الثاني، ترفضان هذه العلاقة رفضًا قاطعًا. ووليد الذي يتجاذبه الفريقان يترنّح لبعض الوقت حين يستدرجه العبادي للانضمام إلى جماعته وحضور دروس بعض رجال الدين. غير أنّ إحساسه بالغربة، واكتشافه الانفصام بين ما يقوله هؤلاء وما يفعلونه، يدفعانه إلى الانسحاب مؤثرًا حريّته الفكرية، وانفتاحه على الآخر، وحبّه لفانيّا.

وعلى الرغم من هذا الاستقطاب الديني، فإنّ الفريقين كليهما يبدي انفتاحًا على الآخر ما يَسِمُ بعض الشخصيات بسمة الازدواجية إلى حدّ التناقض؛ فالأب دومينيك ينهى وليد عن الدخول في علاقة مختلطة ويقيم حفل زفاف في حديقة بيت الآباء لمنيرة التونسية المسلمة وزوجها المسيحي الأميركي. وهو نفسه يفخر بترفّع السيّد المسيح عن المذاهب ويضيق ذرعًا بزواج فرنسيسكو الكاثوليكي من صوفيا الأرثوذوكسية. وأسرة وليد ترفض الزواج المختلط وتلبي دعوة الجارة زكية لحضور حفل زفاف أختها منيرة في بيت الآباء. غير أن هذا الانفتاح تأتي الحوادث المفتعلة بفعل فاعل، إثر التظاهرات التي اندلعت مطالبة بإسقاط بو رقيبة، وأدّت إلى إحراق مكتبة بيت الآباء ومقتل الأب دومينيك واتهام وليد بارتكاب الفعلين، لتضع حدًّا له. وتجهض العلاقة بين «الناقوس» و«المئذنة» قبل أن تبلغ خاتمتها المنشودة. وبذلك، تقول الرواية استحالة بناء العلاقات المختلطة في ضوء الإرهاب الديني والاستبداد السياسي.

في روايته، يستخدم نزار شقرون تقنية الراوي العليم الذي يحتكر عملية الروي،

ويجعل لسرده مسارًا خطّيًا، ويكسر نمطية السرد في أواخر الرواية بسيناريو سينمائي وبمقاطع وصفية تتصادى مع السرد، وتؤمن الفضاء المكاني المناسب لحركة الحوادث. وهو يفعل ذلك بلغة رشيقة، أنيقة، لا تخلو من الصور الأدبية والشعرية التي تبلّل جفاف السرد وتضيف إلى متعة القراءة.

«الناقوس والمئذنة» رواية أخرى يلتقي فيها الشرق بالغرب، ولعل ما يميّزها عن الروايات الأخرى أنّ اللقاء، هذه المرّة، يتمّ على أرضٍ عربيّةٍ شرقيّة.

هاشم شفيق
بين الاستبداد والإرهاب

«البرج الأحمر» هو عنوان الرواية الأولى للشاعر العراقي هاشم شفيق (دار المدى). وهو اللحظة الفاصلة بين ماضٍ رهيب تهرب منه شخصيات الرواية ومستقبل موعود تحلم به وتتطلّع إليه، على المستوى الزماني. وهو المَعْلَمُ الفاصل بين جحيم العراق وجنّة الغرب الموعودة، على المستوى المكاني؛ ففي معرض رصده رحلة التهجير/الهجرة القسرية من الوطن إلى المغترب، يقول لويس، الراوي المشارك في الرواية والمنخرط في أحداثها: «... لم نهتم للأمر كثيرًا، كوننا على مقربة من الجنة الموعودة والمتمثلة بالبرج ذي الضوء الأحمر الذي نراه ويلوح لنا، فهو المستقبل القادم والمقطوع الصلة مع الماضي...» (ص 193). فهل يكون هذا البرج، الواقع في مدينة ألكسندرابولي اليونانية، حدًّا فاصلاً، زمانيًا ومكانيًا، بين مرحلتين في حركة الشخصيات الروائية أم أن الأمر لا يتعدى كونه هروبًا من دلفة العراق إلى مزراب الغرب؟

في «البرج الأحمر»، يطرح هاشم شفيق موضوعة التهجير والهجرة من العراق إلى الغرب، سواء بفعل استبداد النظام البعثي السابق أو بفعل إرهاب الجماعات الدينية المتطرفة التي أعقبت سقوطه، وهذه الموضوعة سبق أن طرقتها الرواية العراقية، وإن من منظور مختلف، لا سيما في رواية «طشّاري» لإنعام كجه جي التي تتناول فيها حكاية اللاجئين العراقيين المسيحيين إلى الغرب، من خلال حكاية أسرة موصلية، الأمر الذي تتقاطع فيه الروايتان، غير أن مآل الهجرة واللجوء يختلف بينهما.

يتخذ الكاتب من اختلاف الراوي العليم إلى صالون حلاقة لويس، الراوي المشارك، في منطقة هانويل غرب لندن، إطارًا خارجيًّا لسرد الأحداث؛ ففي جلسات الحلاقة المتكررة في الصالون، يقوم الحلاق لويس بفعل الحكي للزبون الذي يصغي، ويسأل، ويستوضح، ونادرًا ما يحاور. وبذلك، نكون أمام راوٍ عليم، في الشكل، هو الزبون الذي ينقل ما يسمع، وراوٍ فعلي للحكاية هو لويس الحلاق الذي يقوم، متّكئًا على ذاكرته، باستعادة حكايات

التهجير والهجرة من العراق، وفي صلبها حكايته هو شخصيًّا التي تشكّل الحكاية الرئيسية في الرواية، وتأتي الحكايات السابقة لحكايته تمهيدًا لها، فيما تشكّل الحكايات اللاحقة بها تنويعًا عليها، مع فارق آخر هو أن الحكايات السابقة هي لضحايا الاستبداد السياسي فيما الحكايات اللاحقة هي لضحايا الإرهاب الديني، ولعل الكاتب أراد القول إن الاستبداد والإرهاب وجهان لعملة واحدة. وعليه، الرواية هي رواية ذكريات قاسية تتم استعادتها في إطار وقائع تتمثّل في جلسات الحكاية المتكرّرة.

في الحكاية الرئيسية، يستعيد لويس نشأته في الموصل، في أسرة أشورية متديّنة، لأبٍ ينتهي متشرّدًا هائمًا على وجهه، وأمٍّ اجتماعية تحب الجيرة وعمل المعروف، على أن إقامة الأسرة قرب مقام أحد الأنبياء، وممارستها الطقوس الدينية، وتقديمها النذور، يعكس فضاءً روائيًّا شعبيًّا يتخذ منحى غرائبيًّا أسطوريًّا في بعض الأحداث، ويتناول تعلّمه مهنة الحلاقة في صالون عمّه مكسيم، في شارع حلب، حتى إذا ما بلغ العشرين من العمر، يتمّ استدعاؤه إلى الخدمة العسكرية، فيتعامل برفق مع الجنود ما يؤدي إلى إنزال رتبته، وفراره من الخدمة، وتواريه عن الأنظار، وقيامه بتزوير بطاقات للفارين من الخدمة. وحين يُقبَض عليه يُسام ألوان العذاب، ويُحكم عليه بالإعدام، ثم يُخفّف الحكم إلى المؤبّد، حتى إذا ما اقتيد لوداع أهله قبل تنفيذ الحكم يفرّ، ويُقيّض له من يهرّبه خارج العراق، عبر تركيا، فاليونان، وصولاً إلى لندن. خلال هربه، يحسّ بالتحرّر من رعب النظام لكنّه يعاني مشاقّ الطريق، والسير ليلاً في غابات موحشة، والتواري نهارًا، والجوع، والعطش، والإرهاق الجسدي، والحرارة المرتفعة. ويشكّل البرج الأحمر في هذه الهجرة القسرية حدًّا فاصلاً بين ماضٍ عراقيٍّ حافلٍ بالرعب ومستقبل غربيٍّ يوفّر العمل والاستقرار.

هذه الحكاية تتقاطع مع حكايات أخرى فرعية يرويها لويس لزبونه، الراوي العليم الشكلي، وتتكامل الحكاية لترسم مشهدًا روائيًّا يعكس الواقع العراقي خلال حكم النظام البعثي السابق، وما تلا سقوطه من سيطرة الجماعات المتشدّدة وتحكّمها بمصائر الناس، وتتوزّع مفردات هذا المشهد على استبداد النظام، من جهة، وإرهاب الجماعات المتشدّدة، من جهة ثانية، وكلاهما تمخّض عنه تهجير العراقيين، وهجراتهم القسرية، بحثًا عن حياة آمنة كريمة، يعثر بعضهم عليها، ويعود بعضهم الآخر من الغنيمة بالإياب. مكسيم، عم لويس وحلاّق الرئيس، يتمّ القبض عليه والتنكيل به لتسبّبه بجرح طفيف في رقبة الرئيس،

لا يتحمّل هو مسؤوليّته، خلال الحلاقة، ما يتسبّب في نقص وزنه وهرّ شعره، فيفرّ إلى خارج العراق بمساعدة بعض المهرّبين، لتحطّ به الرحال في كاليفورنيا، فالفيليبّين، ثم يعود إلى أميركا خاوي الوفاض ليعمل حلاّقًا من جديد، حتى إذا ما جمع بعض المال، يقصد صحراء موهابي، ويشتري هضبة يؤجّرها للمنتجين السينمائيين والشركات الكبرى، ثم ما يلبث أن يبيعها ليسدّد ديونه الناجمة عن المقامرة، ويموت بجلطة، ويدفن فيها. وهنا، لا بدّ من الإشارة إلى أن الكاتب يؤسطر هذه الشخصية، على لسان الراوي لويس، الذي يذكر روايات متعدّدة حول مكسيم يتبنّى إحداها، مع العلم أنّ الأخير هو عمّه، ثم يفاجئنا في مرحلة لاحقة بتفاصيل عن مسار هذه الشخصية ومصيرها، فإذا كان لا يعرف الرواية الدقيقة للشخصية عندما كانت قريبة العهد والمقام منه، فكيف يتسنّى له رصد دقائق تحرّكاتها بعد أن غدت في العالم البعيد؟ وثمّة ألفريد، الجندي الذي كان يخدم في الحرس الجمهوري، يُلقى القبض عليه بسبب صداقته لمكسيم، ويُعذّب، ويخرج مصابًا بداء الكلب وبمرض نفسي. هنا، تتشابه حكايات لويس ومكسيم وألفريد في كونهم جميعًا جنودًا في القصر يُقبَض عليهم، ويُعذّبون، وتتفرّق بهم السبل، ما يكشف الريبة الدائمة التي تعيش في ظلّها أنظمة الاستبداد، والشك بجميع الناس، وعيش رهاب المؤامرة، فالرئيس يحلق تحت حراسة مشدّدة، ويتحرّك بمواكبة دائمة من حرّاسه.

أمّا الشخصيّات التي تفرّ من بطش الجماعات المتشدّدة فتشغل، في الرواية، حيّزًا ضئيلاً، مقارنةً بتلك التي تفرّ من بطش النظام، وهي تفعل ذلك بسبب التضييق التي مارسته تلك الجماعات على الغناء والموسيقى والخمر والحلاقة والحرية...

الشخصية الوحيدة التي تغادر العراق لسبب مختلف عن الأسباب السابقة، وتشغل حكاياتها حيّزًا يوازي الحيّز الذي تشغله حكاية لويس، هي شخصية طارق، فهذا الأخير، ابن مكسيم من علاقة عابرة مع فتاة كلدانية اسمها ناريمان الحداد، يباشر، منذ صباه، رحلة البحث عن أبيه الذي لا يعرف بوجوده أصلاً، فيسافر إلى اليونان، ومنها إلى إيطاليا، فأميركا، متقصّيًا حركة الأب، إلى أن يهتدي إلى قبره على الهضبة التي اشتراها وباعها في صحراء موهابي، ولا تخلو رحلته من أجواء سندبادية غرائبية حين تغرق السفينة التي تقلّه إلى إيطاليا، وتقذفه الأمواج إلى جزيرة عذراء، يعيش عليها ممّا يصطاده ويلتقطه، حتى لقائه بعالِمَي أحياء يتدبّران أمر سفره إلى أميركا. وحين يعود إلى العراق ليصطحب أمّه إلى

الخارج يودي بهما انفجاران متتاليان. وهكذا، توزّع الرواية القَدَرَ العراقي على: الاستبداد، والإرهاب، والتهجير، والهجرة، والقتل...

إلى ذلك، ثمّة هَناتٌ معيّنةٌ تعتور الرواية، سواءٌ في بناء بعض الشخصيات أو في تسلسل الأحداث، فطارق الذي لم يتعرّف إلى أبيه مطلقًا يبذل تضحيات كبيرة في سبيل العثور عليه، هو الذي يُفترَض به أن يكون ناقمًا عليه لتخلّيه عن أمّه، وهو الذي كان يعيش نوعًا من الاستهتار واللامبالاة، قبل مباشرة البحث عن الأب. ثم إن العلاقة بين الأحداث كثيرًا ما تخضع للمصادفات القَدَرِيّة غير المقنعة والمفتعلة، فطارق الذي يبحث في أميركا يصل إلى مبتغاه بسهولة، ويا لها من مصادفة أن ينزل في أوتيل في موهابي، ويجد على بعد أمتار ساقي الحانة الذي يعرف كلّ شيء عن الأب!

في اللغة، يستخدم الكاتب لغة سلسة، مرنة، تخلو من الحشو والإنشائيات، ولعل هذا يعود إلى حضور الشاعر في الكتابة، غير أنّه قد يغرق في بعض الأحيان في تفاصيل واستطرادات غير مفيدة روائيًّا تطيل العبارة على غير طائل (ص 104)، وقد يرتبك في استخدام مصطلحات الزمن ضمن العبارة الواحدة كقوله: «في **يوم ما** ودون أن يعرف أحد به، سافر طارق **ذات يوم ربيعي**...» (ص 105)، أو ضمن الفقرة الواحدة كقوله: «في **اليوم التالي** صعد إلى الهضبة [...] ثم أخذ يصعد الهضبة في **صباح مشرق**...»، ولا يفصل بين المصطلحين سوى خمسة أسطر (ص 111)، وقد يحدث تضارب في استخدام الأسماء كقوله: «تزوّج الفتاة التي تعمل معه في الحانة وخلف منها صبيًّا سمّاه مكسيم، وبنتًا هي سمّتها **ليلى**، تيمّنًا بالممثّلة المكسيكية **سلمى** حايك ذات الجذور العربية...(ص 112).

ومع هذا، «البرج الأحمر»، كرواية أولى لصاحبها، تضيء جانبًا من معاناة العراقيين، بأقليّاتهم وأكثريّتهم، من الاستبداد السياسي والإرهاب الديني، في هذه اللحظة التاريخية، وتشكّل وثيقة فنّية على مرحلة تاريخية لعلّها الأصعب في التاريخ العربي، وهي تفعل ذلك بسلاسة ومرونة وطلاوة سردية ولغة جميلة، ما يجعلها جديرة بالقراءة.

هاني نقشبندي
بين الإمام والمؤذّن

«الخطيب» هي الرواية السادسة للروائي والكاتب السعودي هاني نقشبندي الذي دشّن مسيرته الروائية في العام 2007 برواية «اختلاس» المستوحاة من تجربته الشخصية في عالم الصحافة، وراحت إصداراته تتوالى بوتيرة رواية واحدة كل سنتين، وما تزال المسيرة مستمرّة.

في العنوان، يُحيل على وظيفة الخطابة التي يُمارسها رجل الدين في وظائف عدّة. وبما أن الرواية تتمحور حول «الإمام»، أو رجل الدين الذي تشكّل الخطابة إحدى وظائفه، فإنّ الكاتب يكون قد اتّخذ من الجزء عنوانًا للكل، ولعلّه فعل ذلك من قبيل التقيّة الروائية متجنّبًا استخدام كلمة «الإمام» عنوانًا للرواية ممّا يوقعه في إحراجات هو في غنًى عنها.

في المتن، يُشكّل إعراض المصلّين في حيٍّ شعبي عن خطب الإمام الذي يمارس عمله في مسجد الحي نقطة انطلاق للحوادث الروائية، فمنذ الصفحة الأولى، يطرح الراوي العليم هذه الإشكالية في حوار بين الإمام والمؤذن اللذين ينهضان بالوظيفتين الدينيتين الوحيدتين في الحي، فَيُبدي المؤذّن ملاحظات يضيق بها صدر الإمام، ويتبيّن منها أن الخطب المكرّرة، والجهل، والصوت الأجش، وتحويل الدين إلى فزّاعة، والترهيب، هي من بين الأسباب الكامنة وراء إعراض الناس عن المسجد. في مواجهة هذه الإشكالية، يشير المؤذن على الإمام بالتجديد في خطبه لاجتذاب المصلّين، فيصطدم بجهله وادّعائه، غير أنّه ما يلبث أن ينجح في دفعه إلى التدرّب على الإلقاء، وقراءة كتب الخطابة، وينصحه بربط خطبه بحياة الناس ومعاملاتهم لا بعباداتهم فقط، وبالنزول من السماء إلى الأرض، مغريًا إيّاه بإمامة المسجد الكبير المزمع إنشاؤه، فيصيب منه أذنًا مصغية، ويعمل الإمام بنصيحته.

في روايته، يُفكّك نقشبندي وظيفتين دينيتين اثنتين، من خلال رصده: نشأة كلٍّ من الإمام والمؤذّن، والعلاقة بينهما، وكيفية تعاطي كلٍّ منهما مع المصلّين، والتواطؤ بين السلطتين السياسية والدينية، والخلط بين العام والخاص، واستخدام الدين لمآرب خاصّة، وانتهاج

التطرّف سبيلًا لاستقطاب الناس، ما نجد له ترجمةً على أرض الواقع، في غير منطقةٍ من عالمنا العربي.

ويتبيّن لنا من خلال الرصد أنّ كلاًّ من الإمام والمؤذّن نشأ في أسرة مفكّكة، فقيرة، قاسية. وافتقر إلى العاطفة والحنان الأسري، فهرب الأوّل من الخواء العاطفي إلى الدين، ودفعت البطالة بالثاني إليه. وهكذا، يكون كلٌّ منهما قد اتّخذ الخيار الديني اضطرارًا لا اختيارًا؛ فالإمام يعاني، منذ الطفولة، قسوة الأب الذي يتعاطى معه كسجّان مع سجينه، ورحيل الأم، ما يؤدّي إلى قتل الإنسان فيه، ويجعله يتردّى في خواء عاطفي يهرب منه إلى الدين، غير أن هروبه لا يغيّر في عواطفه المتبلّدة، فيُعرض عن الدين بما هو حبٌّ ويكتفي منه بما هو ترهيب وغضب وقوّة وانتقام.

أمّا المؤذّن فيعاني صغيرًا وفاة أبيه وزواج أمّه، وينشأ لدى أخيه الأكبر، حتى إذا مات تقوم زوجته بطرده، وتحول قلّة تعليمه وحيلته دون العثور على عمل، فتتقطّع به السبل حتى يعثر عليه الإمام على عتبة المسجد، ويعيّنه مؤذّنًا.

الرواية، في جانب كبير منها، هي هذه العلاقة بين الإمام والمؤذّن التي تنمو، وتمرّ بتجاذبات معيّنة حتى تبلغ نهايتها، وتتكشّف عن مواصفات كلٍّ من الشخصيتين والشخصيات الأخرى التي تعالقت معهما، بشكل أو بآخر، كمعلم الرياضة والفتاة اللعوب.

تبدأ العلاقة بأن يقوم الإمام بتعيين المؤذّن في وظيفته، ويمارس عليه فوقيّته وتعاليه وادّعاءه، حتى إذا ما واجها عزوف الناس عن الخُطب، يروح المؤذّن يمارس تأثيرًا على الإمام مستعينًا بمعلّم رياضة ممثّل يقوم بتدريبه على الإلقاء، ويوقظ فيه أحلام يقظة بإمامة المسجد الكبير. غير أن تكليف آخر بهذه الوظيفة يشكّل نقطة تحوّل في مسار الأحداث يكون لها ما بعدها، يلجأ الإمام إلى الخُطب النارية، يهاجم الفساد والمفسدين، فيتحلّق حوله المصلّون والمعجبون، ويتّسع نفوذه، في إشارة روائية إلى قدرة التطرّف على الاستقطاب.

على هامش العلاقة بين الإمام والمؤذّن، يلعب المعلم دورًا في تدريب الإمام وتوجيهه، وتنشأ صداقة بينه وبين المؤذّن الذي يشكّل نقطة تقاطع بين الاثنين، وتتمخّض العلاقة عن تضادٍّ بين المعلم والإمام في الدور والنتيجة، في فضاء اجتماعي متخلّف؛ المعلم ينشر المعرفة الأدبية والصوفية، ويمارس التمثيل، فيتم نقله تأديبيًّا إلى قرية بعيدة في الصحراء،

بينما الإمام الذي يلقي الخطب النارية ويشعل نار التطرّف ويحضّ على القتل والإرهاب وتكفير الآخر يتّسع نفوذه وتزداد شعبيّته وتُقام على شرفه الولائم، ما يضيء تخلّف الوسط الاجتماعي الذي تجري فيه الحوادث. وتكون ثالثة الأثافي حين يطلب المؤذّن من الإمام أن يخطب له فتاة الهاتف التي يحب، فيقوم بخطبتها لنفسه والزواج بها في غفلة منه، تاركًا إيّاه يجترع مرارة الغدر، ويتردّى في مهاوي الألم، ثم يغيّر مكان عمله وموقع إقامته بالتواطؤ مع السلطة القائمة، في إشارة روائية إلى ارتهان السلطة الدينية للسلطة السياسية.

أمّا فتاة الهاتف اللعوب فتُشكّل، بدورها، نقطة تقاطع أخرى بين المؤذّن والإمام؛ تقوم علاقة ملتبسة بينها وبين المؤذّن تروح خلالها تتّصل به هاتفيًّا، تُمنّيه وتُخلفه، تعبث به، تسخر منه، تترفّع عنه، تُغويه وتُغريه، فيسقط في الحب ويكلّف الإمام خطبتها له، غير أن المفاجأة تكون حين يخطبها الأخير لنفسه، ويغدر كلٌّ منهما بالمؤذّن، فيصحّ فيهما القول: «وافق شنٌّ طبقة».

وهكذا، يفكّك نقشبندي ممارسات بعض المتديّنين الذين يتّخذون الدين مطيّة لتحقيق مآربهم الخاصّة، ولا يتورّعون عن ارتكاب شتّى الموبقات للوصول إلى أغراضهم، مستغلّين سذاجة العامّة وجهلها وبلاهتها، ويبيّن كيفيّة استخدام الشعائر الدينية في غير ما وُضعِت له، وخطورة الانحراف بأماكن العبادة عن وظيفتها الحقيقية فتغدو مقارّ للتطرّف والتكفير والحضّ على العنف والإرهاب بدلاً من أن تكون بيوت الله والصلاة والتسامح...

هاني نقشبندي يقرع ناقوس الخطر، ويُحذّر من الأوضاع القائمة، لعل رجل الدين يستعيد دوره الحقيقي، والمكان يعود إلى سابق عهده، فهل من سميع؟ و«الخطيب» رواية أخرى له تَسلُس قراءتها وتُمتع.

وجدي الأهدل
في «أرض المؤامرات السعيدة»

في «أرض المؤامرات السعيدة»، روايته الخامسة (نوفل)، يتّخذ الروائي اليمني وجدي الأهدل من الاجتماعي أداة لتفكيك السياسي، فيجعل من زواج القاصرات، الظاهرة الاجتماعية المنتشرة في الساحل اليمني، وسيلة لإضاءة الصراع على السلطة في اليمن الذي تُستخدم فيه جميع أنواع الأسلحة، وفي الوقت نفسه، يجعل من هذه الظاهرة غاية بحد ذاتها، فيتناولها مبيّنًا مضاعفاتها الخطيرة على الجماعات والأفراد. والصراع الذي يندلع حول زواج القاصرات واغتصابهن، واستطرادًا حول السلطة، تنخرط فيه شرائح اجتماعية كثيرة، وتترتّب عليه نتائج وخيمة، ويسقط فيه صرعى كثيرون.

تشكّل واقعة اغتصاب الفتاة جليلة من قبل الشيخ بكري حسن، في بلدة باب المنجل، من أعمال محافظة الحديدة، البداية الوقائعية للرواية، وتتفرّع منها وقائع أخرى تشكّل امتدادًا لها وتنويعًا عليها؛ كقيام الشيخ باغتصاب منى الفتاة السمراء الجميلة في العاشرة من عمرها واستمراره على ذلك خمس سنوات، وقيام زوج محسنة ذات السبع سنوات باغتصابها وهتك جهازها التناسلي، وقيام الشيخ بتطليق خاتمة ذات الثماني سنوات من زوجها وضمّها إلى حريمه.

هذه الوقائع القاسية وغيرها تشكّل وقود معركة تندلع بين النظام والمعارضة، ينخرط فيها كثيرون، وتتواطأ فيها السلطات القبلية والدينية والاجتماعية مع المغتصِب بينما تتضامن شرائح اجتماعية مختلفة مع المغتصَبة، وتتمخَض المعركة عن مكافأة المجرم ومعاقبة الضحية، فتتمّ تبرئة الشيخ ممّا ارتكبه، ويتمّ الحكم على جليلة بالاعتقال حتى إذا ما أفرج عنها ورفضت الزواج منه يقوم أتباعه بالاعتداء عليها ما يتسبّب في موتها، وتختفي منى بعد استخدامها كرشوة جنسية، وتموت محسنة بعد افتراعها من زوجها، وتُزوّج خاتمة

من محامي الشيخ مكافأة على ولائه الأعمى.

في غمرة هذه المعركة غير المتكافئة، ينحاز النظام إلى الشيخ المغتصِب وأمثاله باعتباره قريبًا من الحزب الحاكم، وتتضامن المعارضة مع الفتيات المغتصَبات، وتستخدم كلٌّ منهما، في هذه المعركة، أدواتها، المشروعة وغير المشروعة، السياسية والاجتماعية والدينية والإعلامية وغيرها. ومن هذه الأدوات: الصحافة، الإدارة، القضاء، الأمن، الرأي العام، التظاهر، الاغتيال، وغيرها.

على جبهة السلطة، نجد رياض الكيّاد، رئيس تحرير جريدة «الشعب» الموالية، الذي لا يمتلك ذرة واحدة من ضمير مهني. مطهّر فضل، الصحافي فيها، الذي لا يتورّع عن تحريف الوقائع، وتلفيق التهم، واختلاق الأخبار، وتزوير التصريحات، وتشويه الحقائق، وخيانة الأمانة الصحفية، نزولاً عند رغبة رئيسه. رئيس المجلس المحلي وأحد أتباع الشيخ جابر شنيني. مدير قسم الشرطة المحلي مرتضى عبد الجبار. المحافظ حمزة شعيل. محامي الشيخ حمود شنطة. القاضي مقداد العداد. وكيل النيابة ديوان حيدر، وغيرهم.

على جبهة المعارضة، نجد سامي قاسم، الصحافي في جريدة «الأيام» العَدَنِيَّة، الذي يدفع حياته ثمن إخلاصه للحقيقة الصحفية. سلام مهدي، الناشطة الحقوقية العنيدة، التي تقف إلى جانب الضحايا وتدفع الثمن اعتقالاً وتشويهًا للسمعة. محامي الضحايا شعيب العجيل. المدرّس والمناضل الحزبي حسين البطاح. الطبيبة الروسية تاتيانا، وغيرهم.

غير أنّ المفارق في هذا الاستقطاب، وجود شخصيات منتمية إلى السلطة، بحكم الوظيفة، تشهد للحقّ، وتحرص على القيام بواجباتها في إطار القانون، وتدفع الثمن غاليًا؛ ومن هؤلاء: العقيد أحمد فتيني مدير قسم الشرطة الذي تتمّ إقالته. الجندي سعد موسى الذي يتمّ قتله والتمثيل بجثّته. القاضي طاهر الدرّاك الذي يتمّ إقصاؤه من منصبه. وفي المقابل، ثمّة غالب زنبيطة، رئيس تحرير جريدة «النضال»، الذي كان يدّعي أنّه الناطق باسم المعارضة وأحد قادتها الكبار ليتبيّن لاحقًا أنّه جاسوس للنظام مدسوس عليها. غير أنّ المفارقة الكبرى تكمن في انحياز إبراهيم بلغيث، والد الضحية محسنة، إلى جلّاديها، فيدلي بشهادة زورٍ تفيد أن ابنته ما تزال على قيد الحياة، ويدّعي على الناشطة الحقوقية

سلام مهدي، بينما نجد، في المقابل، موقفًا مبدئيًّا رائعًا للحاجّ محمد هادي زهير، جدّ الضحية جليلة، الذي يرفض تزويجها من مغتصبها رغم الإغراءات المالية التي قدّمها له، ويذهب إلى قريته، بعد موتها، ليقترض ثمن كفنها والمغسّلة والجنازة.

في مثل هذا الفضاء الروائي الذي تختلط فيه المعايير ويَختَلُّ سُلَّمُ القيم، تَتَمَخَّضُ الحوادث عن نتائج غريبة، عجيبة، تجسّد هذين الاختلاط والاختلال، في آن. وفيها: تبرئة المجرم بكري حسن، معاقبة الضحية جليلة، توزير رئيس التحرير رياض العيّاد، ترقية الجاسوس غالب زنبيطة وزواجه من حورية زوجة مطهّر نكايةً به، وتزويج المحامي حمّود شنطة من خاتمة مكافأة له. أمّا تحقيق الناشطة الحقوقية سلام مهدي المزيد من الإنجازات فهي نتيجة طبيعية لنضالها وعنادها في الوقوف إلى جانب الضحايا. على أنّ اللافت في هذه المآلات هو حصولها، في إطارٍ حلمي/ كابوسي، خلال تدحرج السيارة التي تُقِلُّ مُطَهّر وآخرين إلى قاع الوادي ومواجهته مصيره الحتمي.

هذه الوقائع جميعها تُقدِّمُها الرواية، من خلال شهادة الصحافي مُطَهّر فضل عليها ومشاركته فيها. لذلك، لا بدَّ من التوقّف عند هذه الشخصيَّة المحوريَّة التي يُسند إليها الكاتب مهمّة الروي، ورصد مسارها ومصيرها والعوامل المؤثّرة في صنعهما. لعلّ تحدُّرَ فضل من أصول قَبَلِيَّةٍ عريقة، وولادتَهُ لأبٍ مناضل يَحظى باحترام الناس وتقدير المجتمع، ومعاناته طفولة فقيرة دفعته إلى البحث عن الطعام في الزبالة، تأتي في طليعة هذه العوامل، ما يجعله ينطوي على مركّب نقص إزاء المال والسلطة. ويأتي زواجه من حورية، زميلته في الجامعة وابنة أحد أتباع النظام، وهي المهووسة بالإنفاق والتبذير ليزيد من عبوديته للمال، فينغمس في لعبة السلطة والمال، ويتحوّل إلى مجرّد أداة طيّعة في يد رئيس التحرير، ينفّذ أوامره وتعليماته دون وازع من ضمير. لذلك، لا يتورّع عن تحريف الوقائع، وتزوير الحقائق، واختلاق الأخبار، وتلفيق التّهم، وتشويه الصورة، وتبرئة المجرم، وتجريم البريء، في مقابل المال الذي يغدقه عليه رئيس التحرير، والنساء الذي يدفع بهن إليه الشيخ، حتى إذا ما أنجز مهمّاته القذرة، يتمّ التخلّص منه بفضيحة مجلجلة تقضي عليه، فيقرّر العودة إلى مناطق قبيلته المنيعة ليبني اسمه كرجل قبيلة، ما يشكّل تحوّلاً في المضمون، ويقوم بالتخلّص من ثيابه المدنية، وارتداء الزي القبلي، ما يشكّل تحوّلاً في

الشكل. غير أن تدحرج السيارة التي كانت تقلّه إلى قعر الوادي يحول دون تحقيق هذا التحوّل المزدوج أهدافه.

الصراع بين المبادئ والمصالح يلازم هذه الشخصية في مسارها، ورغم تغلّب الثانية على الأولى، فإنّ فضل كان يعي قذارة ما يقوم به، فهو يشبّه ما يكتبه في عموده اليومي بالغائط السياسي، ويعتبر الصحف عَلَفًا للقراء، ويرميها في الزبالة، ويحتقر الصحافة، ويرى أنّه ضحّى بأبيه من أجل تفّاحة فاسدة هي زوجته، ويلازمه شعور بالذنب واحتقار الذات. وحين يقرّر العودة إلى أصوله، بعد افتضاح أمره وتدمير مستقبله، على أيدي مستخدميه، يكون قد فات الأوان. ولعلّ هذه النهاية تؤشّر إلى أن الظلم مرتعه وخيم، وأن النفاق ومشتقّاته إلى زوال، وأن طابخ السمِّ آكله.

في الخطاب الروائي، يضع وجدي الأهدل روايته في خمس وستّين وحدة سردية، متفاوتة المساحة، تقتصر أقصرها على ثلاثة أسطر في الوحدة الستّين، وتمتدّ أطولها على ثماني عشرة صفحة في الوحدة الثالثة، ويسند رويها إلى راوٍ واحدٍ مشاركٍ حين يروي ما شهد عليه عيانًا أو ما يحسّ ويحلم به ويتطلّع إليه أو يندم عليه، وهو ينطوي على راوٍ عليم حين يروي ما يتناهى إليه من الآخرين. على أن العلاقة بين هذه الوحدات هي علاقة تعاقب يتّخذ فيها السرد مسارًا خطِّيًّا تقليديًّا، ونادرًا ما تُسْتَخْدَمُ التقنيات الحديثة. وهو يعنون وحداته بأسماء الأيام والأرقام رغم التعاكس في حركتيهما، ففي حين تمضي الأيام قُدُمًا إلى الأمام، تتحرّك الأرقام في عدٍّ تناقصي إلى الوراء. مع العلم أنّ عنونة الوحدات بأسماء الأيام قد توحي، للوهلة الأولى، أنّ الكاتب يعتمد تقنيّة اليوميات في روايته. غير أنّه بالعودة إلى المتن، نرى أنّ هذه التقنيّة تنطبق على الوحدات السردية القصيرة في أواخر الرواية، بينما الوحدات المتوسّطة والطويلة تتعدّاها إلى سواها، وقد تشتمل على معركة فايسبوكية كما في الوحدة الخامسة (ص 54، 55، 56، 57، 58)، وقد تقطعها شهادة الشخصية كما في الوحدة الثالثة (ص 24، 25)، وقد تكسر نمطيّتها أحلام النوم واليقظة.

يصوغ الأهدل روايته بلغة رشيقة، تؤثر العبارات القصيرة والمتوسّطة، وتجنح إلى السخرية في مواضع كثيرة، فيشبّه الصحف بعلف الحيوانات، وعموده اليومي بالغائط السياسي، وقد يُسِفّ في سخريته حين يجعل عضوه يتضامن مع الأمم المتّحدة ويتحوّل

إلى ناشط حقوقي. وهو يلجأ إلى التكنية الطريفة في بعض المواضع، فيكنّي عن عدم الانتصاب بالقول: «حين كفّ هاوني عن الدق».

في «أرض المؤامرات السعيدة»، يكرّر وجدي الأهدل ما فعله في «قوارب جبلية» من مشاغلة المحظورات الاجتماعية في العالم المرجعي الذي يحيل إليه، فيفكّك العادات والتقاليد البائدة، ويدعو إلى التّحرّر منها. وبذلك، يلعب الأدب دوره التنويري الشجاع، فلا يعود مجرّد تصوير للواقع بل يصبح تثويرًا له، وتطويرًا لعالمه المرجعي. ولعلّ هذا الدور هو ما يجعل الأهدل مستحقًّا موقعه الروائي بامتياز.